„Für den Allmächtigen Gott und die Gemeinschaft der Engel, sowie für alle Menschen dieser Erde!"

Sven Krebs

Der Pfad der Engel

Tenshi, eine uralte Religion für eine neue Zeit

Bibliografische Information der Deutschen Nationalbibliothek:
Die Deutsche Nationalbibliothek verzeichnet diese Publikation in der Deutschen Nationalbibliografie; detaillierte bibliografische Daten sind im Internet über http://dnb.dnb.de abrufbar.

© 2014 Sven Krebs

Illustration: **Sven Krebs**

Herstellung und Verlag: BoD – Books on Demand, Norderstedt

ISBN: 978-3-7357-2548-6

VORWORT	7
ÜBER DIESES BUCH	13
WAS IST TENSHI?	15
DIE GRUNDLAGEN VON TENSHI	20
VON DER URZEIT BIS ZUR NEUZEIT: VERFOLGUNG!	28
DER ANFANG DIESER WELT	32
WER IST GOTT?	37
DORI – DIE STADT DER ENGEL	42
GEMEINSCHAFTEN	46
DIE GEMEINSCHAFT DER ENGEL	46
DIE 21 ENGELSTUGENDEN	54
GEBOTE UND VERBOTE	77
ALLGEMEINE GEBOTE UND VERBOTE	77
GEBOTE UND VERBOTE NACH DEN TUGENDEN	83

TAGE ZUM FEIERN UND BESINNEN	93
TEMPEL	101
GRUNDGEBETE	110
NACHWORT	120

Vorwort

Als ich 14 war, bekamen wir im Religionsunterricht einen Auftrag. Jeder sollte eine Religion erfinden an die wir glauben können. Es musste alles enthalten sein: Gebete, Dogmen, Rituale usw. Dafür bekamen wir sechs Monate zeit. Das ganze sollte an einem Projekttag den Schülern vorgestellt werden.

Ich tat mich sehr schwer damit. Religionen interessierten mich zwar, aber wie soll man eine Religion bzw. einen Glaubensgrundsatz erfinden? Von früher Kindheit an war ich evangelisch getauft und erzogen worden. Das Christentum an sich hatte für mich keinen Reiz, andere Religionen dafür umso mehr.

In den kommenden Monaten recherchierte ich, las Bücher und vertiefte mich in die Welt von bekannten, nicht bekannten und längst vergangenen Religionen und Kulturen. Ich probierte dies und das aus, sprach und schrieb mit Gelehrten und war am Schluss nur noch konfuser als zuvor.
Ich war gerade am Aufgeben und überlegte mir schon die Sätze, die ich meinem Lehrer sagen würde um zu erklären das ich es mal wieder nicht geschafft habe eine Aufgabe zu Ende zu bringen. Noch einmal überflog ich meine Aufzeichnungen und da war es. Die Idee!

Was haben „fast" alle Religionen gemeinsam oder sagen wir „alle"? In allen Religionen gibt es Engel! Konnte dass ein Zufall sein? Wieso glauben alle Religionen an Engel? Gibt es dafür einen Grund?

Einen Monat weiterer Recherche kam auf mich zu und die Lösung wurde immer klarer. Wenn alle Religionen an Engel glauben, dann muss es eine Ursprungsreligion gegeben haben in der Engel eine große Rolle spielten. Ich entwickelte daraus mein Religions-Projekt und hatte keine Ahnung wie nah ich der Realität gekommen war. Ich brauchte einen Namen und so kam ich über die lateinischen Wörter „angelo" für Engel und „theismus" für den Glauben an den einen Schöpfergott zu dem Namen „Angelotheismus".

Ich stellte an jenem Projekttag im Frühling 1993 meine Religion vor und belegte den ersten Platz. Danach verschwand das Manuskript in einer staubigen Ecke meines Bücherregals. Im Laufe meines Lebens erlitt ich immer wieder Schicksalsschläge und verlor dadurch langsam aber sicher mein Selbstvertrauen. Als ich 20 Jahre alt wurde und in einer großen Sinnkrise steckte, erhoffte ich mir von Pfarrern und Priestern eine Lösung und einen Ausweg. Doch ich bekam immer nur zu hören „Die Wege des Herrn sind unergründlich." oder „Es ist Gottes Wille!". Nein, von denen konnte ich keine Hilfe erwarten. Es kam sogar soweit, das ich aus der Kirche austritt. Ich war der festen Überzeugung, dass es keinen Gott geben konnte.

An einem Dienstagmorgen als ich mir die Frage stellte ob und warum ich aufstehen sollte, ich hatte eine schwere Depression entwickelt, fiel ein besonders heller Sonnenstrahl durch einen Spalt des Rollladens auf ein Buch in meinem Regal. Ich reagierte erst nicht darauf aber der Sonnenstrahl war so hell, heller als normal. Etwas zog mich in Richtung dieses Buches und als ich es in die Hand nahm, erlosch der Sonnenstrahl plötzlich. Ich dachte zuerst ich hätte halluziniert aber das Papier dieses Buches war warm, genauso als hätte es in der Sonne gelegen. Ich öffnete den Rollladen um besser lesen zu können und stellte erstaunt fest, dass gar keine Sonne schien!

Ich ließ das Buch vor Schreck fallen und ging erstmal eine Zigarette rauchen. Doch die Sonne schien wirklich nicht, es war grau und es begann zu regnen. Ich ging wieder in mein Zimmer. Auf dem Boden lag immer noch dieses Buch das sich bei näherer Betrachtung als ein Haufen geheftetes Papier entlarvte. Es war mein Manuskript von dem Religions-Projekt. War es ein Zeichen? Wenn ja von wem? War es mein Nachbar der mit einer besonders hellen Taschenlampe in mein Zimmer leuchtete? Warum war das Papier dann warm gewesen?

Ich las das Manuskript und richtete schließlich mein Leben darauf aus. Anfangs stieß ich auf Unverständnis bei Freunden, Kollegen und Bekannten. Nun, das war auch nicht anders zu erwarten, denn mein Bekanntenkreis setzte sich aus Christen, Muslimen und Buddhisten zusammen. Jeder

versuchte mir seine Religion schmackhaft zu machen, doch je mehr Unverständnis mir entgegengebracht wurde, umso stärker wurde mein Glaube. Dieser Glaube war es, der mich aus der Depression holte und er war dafür Verantwortlich, dass ich mein Leben endlich selbst in die Hand nahm.
An einem Abend saß ich mit ein paar Freunden in geselliger Runde und wir kamen auf das Thema Religion zu sprechen. „Welcher Religion gehörst du eigentlich an?" fragte mich eine junge Frau, die ich an diesem Abend erst kennengelernt hatte. Ich antwortete „Ich bin Angelotheist." Die Seitengespräche verstummten und alle sahen mich an. „Was ist das?" fragte die junge Frau interessiert. Ich erklärte es ihr und sie war so daran interessiert, dass wir uns am nächsten Tag trafen um das Gespräch darüber zu vertiefen. Diese junge Frau hat sich danach entschieden ebenfalls als Angelotheistin zu Leben. Sie war es auch, die mich dazu brachte eine Webseite zu diesem Thema zu veröffentlichen. Kaum war die Webseite online, gab es die ersten beleidigenden E-Mails. Ich wurde als Sektierer beschimpft, Satanist und Hxxxxsohn, um nur die harmlosesten zu nennen. Es gab handgeschriebene Briefe von Menschen die nicht verstanden warum ich Jesus nicht als Erlöser annahm und E-Mails die mich einluden eine Moschee zu besuchen. Aber es gab auch Drohungen gegen mich und meine Familie, mein Briefkasten wurde angezündet, anonyme Anrufe, Schmierereien an der Hauswand und sogar Besuch von der Polizei. Irgendjemand hatte mich wegen Volksverhetzung angezeigt und ausgesagt, ich würde Neo-Nazi Treffen in

meinem Haus abhalten. Die Ermittlungen wurden eingestellt und der Anzeigende zu einer Bewährungsstrafe wegen Falschaussage und übler Nachrede verurteilt. Auf einen Zivilprozess verzichtete ich. 2012 ging dann die Webseite „angelotheismus.de" endgültig vom Netz.

Aber es gab auch positive Briefe und E-Mails. Menschen nahmen sich „meine" Religion zu Herzen und lebten danach. Ein fünfzehnjähriges Mädchen schrieb mir, das meine Webseite sie davon abgehalten hätte sich das Leben zu nehmen als ihr Freund sie verlassen hatte. Ein Italiener schrieb „Nachdem mich meine Frau verlassen hatte und die Kinder mitnahm, hatte ich nichts mehr. Deine Webseite hat meinem Leben wieder eine Richtung gegeben. Ich habe mit meiner Frau gesprochen und sie hat mir verziehen. Jetzt kann ich wieder meine Kinder sehen."

Aber das Beste waren zahlreiche Briefe und E-Mails von Menschen aus allen Teilen der Erde, die mir schrieben dass es solch eine Religion schon gibt! Ein älterer Japaner schrieb, dass diese Religion „Tenshi no pasu" (japanisch für „Pfad der Engel") oder kurz „Tenshi" genannt wird. Aus Sri Lanka erhielt ich eine E-Mail in der dieser Glaube „Ēñcals pātai" genannt wurde, was wiederum für „Weg" oder „Pfad der Engel" steht. Auch aus Peru erhielt ich eine Mail in der diese Religion „Sendero de los Angeles" genannt wird.

Doch egal wie dieser Glaube in der Welt genannt wird, die Inhalte sind immer dieselben und dieses Wissen wird innerhalb der Familien von einer Generation auf die

nächste weitergegeben. Es ist fast wie ein Schatz der stets gut behütet wird. Einer Schätzung nach leben ca. 2000 Menschen auf der ganzen Welt nach den Regeln dieser Religion. Dies war auch der Ansporn zu diesem Buch.
Dieses Buch ist keine Esoterik und auch keine Satire, auch wenn es hin und wieder etwas flapsig geschrieben ist. Es ist ein Handbuch über eine oder vielleicht sogar "die" älteste Religion der Welt die innerhalb von Familien die Jahrtausende und etliche Übergriffe und Missionierungen überstanden hat.

Möge dieses Buch allen Lesern und Leserinnen die gleiche Kraft und Zuversicht schenken, die mir dieser Glaube einst gab und immer geben wird. Mögen alle Suchenden ihren Pfad finden und ihn Leben.

Der Autor am Jahresfest 2014

Über dieses Buch

Da ich mittlerweile aus allen Teilen der Erde Berichte, Erzählungen und Briefe von Menschen bekommen habe die Tenshi praktizieren und jede Sprache ein anderes Wort für ein und dasselbe verwendet, musste eine Entscheidung her.

Im Deutschen Sprachgebiet ist diese Religion weitgehend unbekannt, daher gibt es auch keine korrekten Deutschen Übersetzungen. Die meisten Unterlagen darüber habe ich aus Japan bekommen.

Daher verwende ich in diesem Buch bei Begriffen für die es keine Deutsche Übersetzung gibt, die Japanischen Begriffe und verwende die deutschen Begriffe wo es möglich ist.
Daher lautet der Name für diese Religion „Tenshi" anstatt des von mir einst erfundenen Kunstwortes „Angelotheismus". Die japanischen Begriffe sind in Romaji geschrieben, der japanischen Lautschrift und für jeden leicht zu lesen.

Dieses Buch gliedert sich in die Teile „Theorie" und „Praxis" um Übersichtlich zu bleiben. Die einzelnen Themen sind so geschrieben, dass man das Buch nicht von vorne bis hinten Durchlesen muss (was ich jedoch hoffe), sondern das der Leser ganz nach Belieben in diesem Buch blättern kann um das zu lesen was gerade interessant erscheint.

Ich wünsche mir und hoffe, dass dieses Buch dazu beiträgt die Akzeptanz von Tenshi zu erhöhen und dass viele Leser Tenshi in ihr Herz lassen.

Hinweis

Viele Dinge die Sie hier lesen, werden von der Wissenschaft oder Theologen mit Verachtung gestraft oder lächerlich gemacht. Der Inhalt dieses Buches ist eine Zusammenfassung von mündlichen Überlieferungen ohne Anspruch auf Vollständigkeit!

Was ist Tenshi?

Tenshi ist eine der ältesten, wenn nicht sogar die älteste, Religion der Welt. Sie ist ca. 200.000 Jahre alt und ist über die Jahrtausende unverändert geblieben. Obwohl sie so alt ist, ist sie doch sehr modern. Gleichberechtigung von Männern, Frauen und Kindern, die Akzeptanz von Homosexuellen, der Schutz von Tieren und Natur, um nur ein paar wenige zu nennen, sind fester Bestandteil von Tenshi. Aufzeichnungen und Schriften, wie in anderen Religionen, gibt es nicht. Das Wissen über Tenshi wurde und wird heute noch von einer Generation zur nächsten mündlich weitergegeben. Die erste schriftliche Aufzeichnung darüber ist dieses vorliegende Buch.

Gerade weil es keine Aufzeichnungen gibt, verwundert es doch etwas, dass es unverändert geblieben ist. Man sollte doch meinen dass bei einer mündlichen Überlieferung einiges weggelassen wird und anderes hinzugefügt wurde. Doch das, so versicherten mir mehrere „Anhänger", sei nicht der Fall gewesen. Man solle in sein Herz hören und dort wäre Tenshi von Geburt an bei jedem Menschen fest verankert und sie haben recht.

Sie merken sicherlich, dass ich mich davor Drücke hier von Gläubigen oder Mitgliedern zu sprechen. Denn ob Tenshi nun eine Religion, Glaubensgrundlage oder einfach nur eine Lebenseinstellung ist, muss jeder für sich selbst entscheiden. Auf der anderen Seite gibt es eine Schöpfungsgeschichte, die ziemlich von den Schöpfungsgeschichten anderer Religionen abweicht. Es gibt eine sehr genaue Beschreibung von Gott, Engeln und dem Himmel.

Wir glauben daran, andere würden sagen wir wissen, dass alle die auf der Erde leben einmal im Himmel waren. Wir Engel *(japanisch „Tenshi")* haben uns gegen Gott verschworen und wurden des Himmels verwiesen. Seither leben wir als gewöhnliche Menschen auf dieser Erde und müssen unser Dasein auf dieser Welt fristen, die für uns die Hölle ist. Wir müssen Tugendhaft und Sündenfrei leben um Gott zu beweisen dass wir es verdient haben wieder den Himmel betreten zu dürfen.

Grob gesagt war es das schon. So einfach kann eine Religion sein, oder? Nein, weit gefehlt. Tenshi ist Religion, Lebenseinstellung, Wegweiser und harte Arbeit. Ja, es ist sehr harte Arbeit, denn der Zugang zum Himmel fällt uns nicht in den Schoß. Wir sind täglich, ach was rede ich, minütlich Versuchungen und Verfehlungen ausgesetzt. Diese Versuchungen und Verfehlungen zu erkennen und sie zu meiden ist Tenshi, der Pfad der Engel.

Manchmal werden auch Vergleiche mit der christlichen Gruppierung „Engelswerk" gezogen. Doch „Engelswerk" ist wahrscheinlich nur der plumpe Versuch gewesen Tenshi dem Christentum unterzuordnen und hat rein gar nichts mit Tenshi zu tun.

Allerdings findet sich bei dem Kirchenvater Origenes *(vermutlicher Name „Origenes Adamantius", 185 bis 254 n.Chr., christlicher Gelehrter und Theologe)* der erste – und bis dahin der einzige – schriftliche Hinweis auf die Tenshi Religion. So schrieb Origenes, dass sich die Engel von Gott entfernten als dieser ihnen den freien Willen schenkte. Dadurch wurden einige zu Menschen und mussten den Himmel verlassen, aber nicht ohne die Möglichkeit durch Tugend und gottgefälliges Leben in den Himmel zurückzukehren. Origenes wäre damals beinahe als Häretiker aus der christlichen Kirche geworfen worden. Auch schrieb Origenes von der Wiedergeburt die zu damaligen Zeiten eine Säule im Glaubensgebäude war und fest zum christlichen Glauben gehörte, später aber durch das 5. Konzil von Konstantinopel *(553 n. Chr.)* verboten wurde. Damals wurden aus den biblischen Texten alle Stellen entfernt, die auf die Wiedergeburt hindeuteten. Doch das Christentum ist nicht die einzige Religion die Tenshi verleugnete und bis heute verleugnet obwohl die Wahrheit den Gelehrten bekannt war und ist.

Auch die Wissenschaft, allen voran die Archäologie, verleugnet Tenshi und hält sogar Artefakte zurück, die bei Ausgrabungen gefunden wurden und eindeutig auf Tenshi hinweisen. Im vatikanischen Geheimarchiv, das es angeblich nicht gibt, liegen Texte und Aufzeichnungen der Tenshi Kultur. Gut abgeschottet vor der Öffentlichkeit. So wird in keinem Geschichtsbuch jemals etwas über die Tenshi zu finden sein und jeder der mit seinem Wissen an die Öffentlichkeit geht, wird als Lügner dargestellt.

Warum also diese ganze Vertuschung? Weil es um Macht ging! Um Macht geht es auch bis heute. Macht über Menschen, Politik und Geld. Solche Machtverhältnisse wurden und werden von Tenshi abgelehnt. Also mussten neue Religionen her mit denen man Macht ausüben konnte. So gab und gibt es Religionen die in ganze Länder einmarschierten und den dortigen Völkern ihren Glauben nahm. Teilweise unter Zwang und Gewalt. Nur um Macht auf diese auszuüben und um sie immer mehr zu unterjochen. Heißt das nun dass Tenshi die einzig Wahre Religion ist? Wenn Sie einen Christen fragen, wird er Ihnen sagen das dass Christentum die einzig Wahre Religion ist. Fragen Sie hingegen einen Moslem, so wird er Ihnen sagen dass der Islam die einzig Wahre Religion ist und das Christentum nur ein Vorläufer oder auch ein Irrweg ist. Fragen Sie einen Tenshi, dann wird er nur lächeln, Ihnen aber keine Antwort geben. Einem Tenshi ist es nicht erlaubt zu Missionieren und schon gar nicht solche Fragen zu beantworten.

Für mich – Ihren Autor – ist die Frage nach der wahren Religion nicht wichtig. Wichtig ist, ob ein Mensch mit seiner Religion glücklich und zufrieden ist. Wenn ein Mensch sein Heil im Christentum findet ist es vollkommen in Ordnung. Wenn er es im Islam, Judentum oder Buddhismus findet, dann genauso. Aus meiner Erfahrung kann und darf ich sagen, dass diejenigen die Tenshi kennengelernt haben und sich damit auseinandersetzten, bei Tenshi geblieben sind. Im Sinne des Missionierungsverbotes stellt dieses Buch keine Missionierung dar, denn dieses Buch soll lediglich Informieren und niemanden mit schönen Worten dazu bringen seine Religion zu wechseln. Dazu gibt es andere Bücher von anderen Religionen die sich als „Ratgeber" oder „Kinderbücher" tarnen und dabei nur den einen Zweck haben, den Leser zu einer Konversion zu ermutigen. Eine Konversion zu Tenshi ist – nach Kirchenrechtlichem Sinn – nicht möglich. Ein Mensch kann Tenshi nur für sich selbst annehmen.

Dennoch möchte ich Sie herzlich Einladen Tenshi kennenzulernen, vollkommen egal ob Sie nur Neugierig sind, einen Blick über den Tellerrand werfen wollen oder ob Sie bereits Tenshi sind und dieses Buch als Nachschlagewerk nutzen.

Die Grundlagen von Tenshi

Steigen wir nun ein in den größten Teil dieses Buches, den Grundlagen dieser wunderbaren Religion.
Viele Menschen fragen sich *„Warum sind wir hier?"* oder *„Was ist der Sinn des Lebens?"*. Fragen Sie einen Priester, Pfarrer, Rabbi, Imam oder einen sonstigen Geistlichen. Niemand wird Ihnen eine klare Antwort liefern. Fragen Sie jemanden der zu Tenshi gehört, wird er Ihnen das Antworten was Sie nachfolgend lesen:

Wir Menschen oder besser das was wir als Menschen bezeichnen, sind nichts anderes als eine Art Wirtskörper. Als Gott die Erde erschaffen hat, gab es keine Menschen. Er wollte auch niemals welche erschaffen. Aber es blieb ihm nichts anderes übrig. Am Anfang gab es nur die Erde und die Tiere darauf. Wir selbst waren Engel. Wir waren dazu da um Gott zu dienen und ihm zu helfen die Erde zu erschaffen und am Laufen zu halten. Je nach unserem Engelsgrad hatten wir dazu die verschiedensten Aufgaben. Es gibt insgesamt sechs verschiedene Engelsgrade. Die höchsten, sind Gottes persönliche Assistenten, genannt die Wächter. Davon gibt es nur wenige.

Wir Engel haben immer das getan was Gott uns auftrug. Doch Gott machte einen großen Fehler. Er gab uns einen freien Willen. Nach der Arbeit war es üblich, dass wir Engel uns ein wenig vergnügten. Wir spielten zusammen,

gingen auf der Erde spazieren oder blieben einfach zu Hause bei unserer Frau und unseren Kindern. Doch die damals noch junge Erde war sehr anfällig. Ständig mussten wir eingreifen damit die Erde nicht zusammenfiel. Irgendwann hatten wir gar keine Freizeit mehr. Wir bewunderten Gott in all seiner Herrlichkeit und Güte. Doch irgendwann fragten wir uns, wozu das alles gut sein sollte. Wozu hat Gott die Erde überhaupt erschaffen? Vorher hatten wir nur wenig Arbeit, aber jetzt? Wir fingen an Gott zu hinterfragen. Einige Engel fingen an zu murren, andere legten sogar die Arbeit nieder.
Eines Tages rief Gott uns Engel zusammen. Er sagte uns, dass sein Werk vollbracht wäre. Die Erde wäre nun endlich fertig. Er sah uns Engel an und wir sahen, dass er Tränen in den Augen hatte. Dieser gütige Mann dem wir immer treu gedient hatten, wir hatten ihn verraten und hintergangen. Ihn so zu sehen, tat uns allen sehr weh.

Dann wurde uns klar, dass die Erde für uns Engel sein sollte. Er hatte sie nur für uns erschaffen, damit wir in Frieden und Glück leben konnten. Wir hätten ihm zwar weiterhin gedient und auch im Himmel gelebt, aber die Erde sollte für unsere Freizeit und für unser Vergnügen sein.
Gott sah uns an und sprach: *„Ihr habt mich hinterfragt und auch gemeutert. Ihr habt mich für einen Narren gehalten. Diese Erde sollte für euch sein. Doch ihr seid es nicht Wert das man sich mit euch weiter beschäftigt."* Gott zeigte mit seinem Finger auf die Erde und sprach *„Ich habe für euch aus diesem Klumpen Stein eine Erde gemacht und dort sollt ihr auch von*

nun an Leben. Diese Erde soll für euch die Hölle sein! Wenn eure Zeit gekommen ist, werde ich euch rufen und ihr werdet vor ein Tribunal gestellt das überprüft wie ihr gelebt habt. Nur wenn ihr Tugendhaft und Sündenfrei gelebt habt, dürft ihr wieder in den Himmel. Ansonsten schicke ich euch wieder hinab. Dies soll eure Strafe sein."

Gott erschuf leere Wesen aus einem Affen, die er unserem Aussehen anpasste. Einen Kopf, zwei Arme und Beine, die Menschen eben. Dann nahm er uns Engel, riss uns unsere Flügel aus, nahm uns unseren Lichtreif und unsere übersinnlichen Fähigkeiten. Dann steckte er uns in unsere Wirtskörper. Seit dieser Zeit müssen wir hier auf der Erde leben und ein tugendhaftes und sündenfreies Leben führen um irgendwann wieder ein Engel sein zu dürfen.

Die Erde die für uns Engel von Gott erschaffen wurde. Die Erde die für unsere Freizeit und unser Vergnügen gedacht war. Sie ist nun die Hölle in der wir schmoren müssen, bis Gott uns ruft um uns zu richten.

Doch das Leben auf der Erde war nicht einfach. Wir waren nackt und hatten die volle Erinnerung an unser Dasein im Himmel. Da der Mensch aus einem affenartigen Tier erschaffen wurde, hatten wir die animalischen Instinkte die der Mensch auch heute noch hat, wie z.B. den Überlebenswillen oder die Fähigkeit zu jagen. Durch letztere waren wir dann in der Lage uns zu ernähren und uns einzukleiden. Aber wir fingen auch an, andere Menschen zu töten. Nur um noch mehr zum Essen zu haben oder um etwas zu bekommen das der andere gefunden oder hergestellt hat.

Die höheren Engel die Gott immer begleiten und ihm assistieren, die so genannten Wächter, wurden nicht bestraft. Denn sie hatten nicht gemeutert. Sie durften weiterhin im Himmel bleiben und bilden auch weiterhin die Leibgarde Gottes.

Wenn Gott uns ruft, und das kann zu jeder Zeit geschehen, verlassen wir unseren Wirtskörper, fahren aber nicht direkt in den Himmel auf. Der Körper kann ohne uns nicht existieren und so bleibt er leer zurück. Der Körper stirbt dann und der natürliche Prozess des Verfaulens beginnt.

Nachdem wir den Körper verlassen haben, der uns all die Jahre gequält und gepeinigt hat, erscheinen wir in unserer Engelsgestalt in einer Stadt, die „Dori" (*„Stadt der Gefallenen" oder „Stadt der Engel", Sprachherkunft nicht bekannt*) genannt wird. Diese „Zwischenwelt", ist die letzte Möglichkeit, die größte Sünde die wir in unserem Leben begangen haben zu bereuen. Diejenigen, die keine Sünde zu bereuen haben, werden direkt vor das Tribunal gestellt. Derjenige der z.B. Selbstmord begeht, kommt direkt in diese Stadt, da Selbstmord eine der größten Sünden ist. Viele Christen werden jetzt sofort an das Fegefeuer denken, aber die Stadt ist mit der christlichen Sichtweise nicht zu vergleichen.

Nach einer unbestimmten Zeit in der Stadt, werden wir letztendlich im Himmel vor ein Tribunal gestellt, das aus drei Wächtern besteht. Alles was wir tun, alles was wir sagen und alles was wir denken ist im Himmel verzeichnet. Das Tribunal stellt uns zu jeder Verfehlung, Sünde oder zu jeder Untugend zur Rede. Wenn wir Tugendhaft und Sündenfrei waren, werden wir wieder Engel und werden wieder in die Gemeinschaft der Engel aufgenommen. Wenn wir uns aber etwas zu Schulden haben kommen lassen, dann verweigert uns das Tribunal die Wiedereingliederung und wir werden direkt vor Gott geführt. Er als der Allmächtige, hat das letzte Wort. Auch wenn Gott gütig und immer sehr nett zu uns war, ist es für uns sehr beschämend und peinlich so vor Gott geführt zu werden. Denn wir haben es nicht geschafft ihm zu gehorchen. Doch Gott gibt uns immer wieder eine neue Chance uns zu beweisen und so steckt er uns in den Körper eines Kindes das gerade geboren wird. Denn nur so kann das Kind leben, ohne uns wäre der Körper nicht lebensfähig. Doch jede Wiedergeburt muss die Last seines früheren Lebens tragen. War der Engel in seinem früheren Leben jemand der sämtliche Hinweise und Warnungen ignoriert hat bzw. keine Sünde und Verfehlung ausgelassen hat, so wird er in seinem „neuen" Leben kein Glück finden. Das Leben wird für ihn zur Qual. War der Engel jedoch in seinem früheren Leben zwar Tugendhaft, aber nicht Tugendhaft genug um im Himmel bleiben zu dürfen, so hat er ein etwas angenehmeres „neues" Leben vor sich. Vieles wird ihm leichter fallen und er wird glücklicher sein. Aber das ist kein Freibrief, er muss nun versuchen noch besser als vorher zu sein um endlich im Himmel bleiben zu dürfen.

Erst wenn alle Menschen diesen Kreislauf überwunden haben und alle Engel wieder im Himmel sind, erst dann wird diese Erde wieder für uns Engel sein. Für unseren Spaß und unser Vergnügen. Untergehen wird diese Erde nicht, denn Gott hält stets seine schützende Hand über sie.

Als wir von Gott auf die Erde verbannt wurden, kamen Erwachsene in erwachsene Körper. Somit war die Erinnerung an den Himmel noch vollkommen Vorhanden und alles wurde bis heute mündlich überliefert. Somit haben wir heute noch das Wissen aus der alten Zeit. Wenn ein Kind neu geboren wird, dann steckt ein Erwachsener in dem Körper eines Kindes. Der Körper kann noch nicht sprechen und bis das Kind alt genug ist um sprechen zu können, wurde das Wesen des Engels von dem Wesen des Menschen überlagert und der Engel kann sich nicht mehr mitteilen. Manche Kinder jedoch, sprechen über den Himmel, nur die Erwachsenen tun dies als kindliche Phantasie ab.
Wir kennen keine Prophetie und lehnen auch jedes Prophetentum ab. Besonders dann, wenn jemand behauptet im Auftrag oder im Namen Gottes zu handeln. Wir wissen, dass kein Mensch mit Engeln oder Gott kommunizieren kann. Dies ist nach den Gesetzen des Himmels verboten und außerdem vollkommen unmöglich. Daher erkennen wir keine anderen Schriften an. Denn es gibt keine Schriften die von Gott oder einem Engel geschrieben wurden oder einem Menschen diktiert wurden. Alle anderen religiösen Schriften müssen von uns daher, als von Menschenhand geschrieben betrachtet werden und sind somit nicht himmlischen Ursprungs.
Darüber hinaus kennen wir weder einen Teufel, noch eine Hölle in der wir nach unserem Tod schmoren müssen. Dies sind nur Geschichten, die man erfunden hat um Kinder oder sehr naive Menschen in Angst und Schrecken zu ver-

setzen. Die einzige Hölle die wir kennen, ist diese Erde. Die Erde war für uns gedacht, doch nun ist sie für uns zur Hölle geworden.
Das was andere Religionen als Seele bezeichnen ist nach Tenshi der Engel der im Körper eines Menschen steckt. Doch er ist ständig im Konflikt mit den animalischen Instinkten, wie z.B. dem Selbsterhaltungstrieb, dem Trieb zu Jagen oder zu töten usw. Diese Instinkte bzw. Triebe abzulegen und großes Leid zu verhindern gehört zu Tenshi wie die Luft zum atmen. Manche reden vom Körper, Geist und Seele. Die Seele jedoch ist der Engel der in unserem Körper steckt. Er liegt in einer nicht-stofflichen Form vor. Wenn wir etwas Falsches tun, dann meldet er sich zu Wort. Das wird von manchen als Gewissen bezeichnet.

Beobachten Sie doch einmal kleine Kinder beim Spielen im Freien. Zählen Sie mal wie oft ein Kind in den Himmel schaut oder sogar, meistens bei Babys zu beobachten, mit dem Finger gen Himmel zeigt und etwas vor sich hin brabbelt. Jeder Mensch wird als Tenshi geboren und kleine Kinder haben das direkte Wissen darüber, da sie ja direkt aus dem Himmel kommen. Wenn Kinder gen Himmel schauen, schauen sie zu ihrer wahren Heimat. Wenn Kinder gen Himmel zeigen aber die Sprache noch nicht können und vor sich hin brabbeln, dann versuchen sie ihrem Gegenüber ihr Wissen über den Himmel mitzuteilen oder sie beten einfach nur. Aber auch Erwachsene liegen gerne mal auf einer Wiese und schauen in den Himmel, sie spüren in

ihrem inneren die tiefe Verbundenheit zu Gott und ihrer eigentlichen Heimat, dem Himmel.
Jeder Mensch, natürlich auch jeder Erwachsene, kann in sein Herz hören und dort die Botschaft seines Engels hören. Dann wird er Wissen wie viel Wahrheit in Tenshi steckt.

Von der Urzeit bis zur Neuzeit: Verfolgung!

Als vor mehr als 200.000 Jahren die ersten Menschen auf diese Erde kamen und noch gar nicht so recht wussten wo sie nun hingehen sollten bzw. wie sie ihr Leben hier gestalten sollten, kam es bereits zu ersten Verfolgungen und Angriffen einer Affenart, dem Homo erectus.

Der Homo erectus sah sich von den ersten Tenshi in seinem Lebensraum bedroht. Da diese Affenart nur durch Triebe und Instinkte gesteuert wurde, kam der Selbst- oder Arterhaltungstrieb zu der Auffassung, alle „neuen" zu töten. Doch die Tenshi begegneten ihnen mit dem Wissen um Kampftechniken und dem Bau von besseren Waffen. So konnten die Tenshi die Angriffe des Homo erectus sehr schnell und effektiv niederschlagen. Am Ende musste sich der Homo erectus geschlagen geben und die Tenshi nahmen den Homo erectus in ihre Reihen auf. Durch die Vermischung von Tenshi und dem Homo erectus, entstand eine neue Rasse, der auch Homo sapiens genannt wird. Vor etwa 100.000 Jahren war der Homo erectus gänzlich in die Gattung Homo sapiens eingegangen.

Bis heute rätselt die Wissenschaft woher der Homo sapiens denn eigentlich kommt. Es gab bisher nur unzureichende Beweise dass der Homo sapiens ein direkter Nachfahre des Homo erectus ist. Vielmehr scheint es so zu sein, als wäre der Homo sapiens von heute auf morgen plötzlich erschienen. Ein Hinweis auf uns Gefallene?

Der Mensch breitete sich auf der Erde aus. Erste Dörfer und Städte entstanden, der Handel zwischen den Erdteilen kam langsam ins Rollen. Von den Tenshi spalteten sich kleinere Gruppen ab und gründeten eigene Glaubensgemeinschaften, da sie den Erzählungen der älteren keinen Glauben mehr schenkten. Diese Gruppen suchten nach einem eigenen Weg zu Gott bzw. zu den Göttern.

Kriege, Überfälle und Verfolgung wurden zu einem alltäglichen Mittel um die Tenshi zu unterdrücken. Die neuen Religionen sahen sich von den Tenshi bedroht, da die Tenshi den Anspruch erhoben die einzige Wahrheit zu verbreiten.

Viele wurden dabei getötet und viele wurden damals als Sklaven gehalten und verkauft. Diese Verfolgung ging über Jahrhunderte, bis unsere Vorfahren ca. 2000 vor der neuen Zeitrechnung *(also vor Christus)* sich in den Untergrund begaben und somit zu einer Geheimgesellschaft wurden. Vieles aus den Lehren der Tenshi wurde in anderen Religionen und Glaubensrichtungen als Grundlage genutzt oder floss in diese ein. „Die Vertreibung aus dem Paradies" im „Alten Testament" der Bibel, ist nur ein Beispiel dafür. In der Bibel werden Adam und Eva aus dem Paradies geworfen weil sie einen Apfel gegessen hatten. Dies stellt Sinnbildlich den Frevel dar, den wir Engel an Gott begangen haben. Die „Vertreibung aus dem Paradies" ist also nichts anderes als die Verbannung der Engel aus dem Himmel und dem Beginn unseres Daseins auf der Erde. Wahrscheinlich waren einige der Schreiber des „Alten Testamentes" ehemalige Zwangskonvertiten oder Gelehrte die gegen dieses Unrecht der Vernichtung waren und so die Geschichte der Tenshi in der Bibel und sonstigen Texten versteckten.

> Praxistipp!
> Warum wurden die Tenshi so massiv verfolgt? Was wäre in der Geschichte passiert wenn es keine anderen Religionen gäbe außer Tenshi? Diese Fragen muss sich jeder selbst beantworten, vielleicht sogar im Rahmen einer Meditationsübung?

Selbst heutzutage in der so genannten „aufgeschlossenen Gesellschaft" ist es für einen Tenshi nicht leicht seinen Glauben offen zu leben. Viele verzichten sogar darauf zu ihrem Glauben zu stehen. Bei der Frage nach der Religionszugehörigkeit zum Beispiel. Sie sagen die Unwahrheit aus Angst bloßgestellt, lächerlich oder erneut verfolgt zu werden. Dabei reden wir hier nicht von Staaten die von einem totalitären Regime regiert werden, nein, wir sprechen von Staaten wie Deutschland, USA oder einfacher, der gesamten westlichen Welt. Deshalb wird Tenshi heute immer noch vielfach im geheimen praktiziert. Diese geheime Form der Religionsausübung bewahrte die Tenshi zum Beispiel vor der Inquisition im Mittelalter, der Verfolgung durch die Nazis oder der Verfolgung von Islamisten.

Es bleibt zu hoffen, dass viel mehr Menschen sich zu ihrem Glauben bekennen und wir Tenshi der Welt zeigen dass wir keine Angst vor ihren Verfolgungen mehr haben.

Der Anfang dieser Welt – Eine Schöpfungsgeschichte

Wir Engel waren einst die Diener Gottes. Was immer er verfügte, es ward getan! Gott ist ein Vater, Gott ist eine Mutter, er allein hat uns geschaffen und er liebt uns so, wie nur ein Vater seine Kinder lieben kann. Er gab uns eine Bleibe, er gab uns Speis und Trank. Wir lebten mit ihm und machten ihm große Freude!

Eines Tages sprach Gott zu uns: „Ihr himmlischen Heerscharen! So höret meine Worte! Ich möchte einen Platz errichten, der außerhalb des Himmels liegt! Weitab der hellen Sonne, aber noch so nah dass sie diesen Platz erwärmt. Dieser Platz soll unter dem Sternenzelt geschützt sein und er soll so schön sein, dass man ihn den Garten Gottes nennen wird!"

Gott nahm eine Handvoll der Wolken und formte daraus einen Ball. Diesen Ball warf er hinunter zu den Sternen, er erhob seine Hand und setzte den Ball dorthin, wo er ihn haben wollte. Danach wurde der Ball zu Stein und Erde. Gott sprach zu uns: „Seht her! Diesen Ball sollt ihr nun nach eurem Wohlwollen formen!" Und die Engel taten wie ihnen befohlen wurde.

Wir Engel setzten Berge und Täler, erschufen Wasser und Land, setzten Pflanzen und Bäume. Doch Gott war nicht zufrieden. Er sprach: „Was tut ihr? Hier sieht es aus wie im Himmel! Ihr sollt

diesen Haufen Erde so formen wie ihr es wollt!" Alle Schwiegen und sahen sich an. Da trat ein Engel aus der Mitte heraus vor Gott. Es war der kleinste von uns, ein einfacher Arbeiter. Er sprach zu Gott: „Allmächtiger Gott! Niemals haben wir etwas getan nach unserem Sinn! Wir können das nicht! Wir haben gelernt zu gehorchen und das zu tun was dem Allmächtigen Vater in den Sinn kommt!" Alle Engel schwiegen und schauten zu Boden. Gott lachte laut auf und sprach: „Der kleinste von euch hat den größten Mut! Er spricht das was ihr denkt! Warum habt ihr Angst vor mir und sagt nicht was euch fehlt!" Daraufhin sprach ein anderer Engel, eine Frau: „Oh Allmächtiger! Niemals würden wir etwas sagen was dich beleidigen könnte! Wir haben keine Angst vor dir! Wir sind dir dankbar für die Heimstatt die du uns gabst." Gott sprach: „Ich weiß und doch habe ich es versäumt euch etwas zu geben was man einen Willen nennt." Gott erhob die Arme und ein goldenes Licht erschien über uns. Es war so hell und warm das es ein jeder in seinem Herzen spüren konnte. „Nun habt ihr einen Willen! Ihr könnt von nun an Tun was ihr wollt! Ich habe euch lange genug zu meinen Dienern gemacht!"
Wir machten uns an die Arbeit die Erde zu dem Platz zu machen den man den Garten Gottes nennen soll. Doch einige Engel nutzten ihren Willen und sprachen: „Was sollen wir arbeiten? Das haben wir schon solange getan! Es arbeiten schon so viele daran. Lasst uns Ruhen!" Gott akzeptierte diese Entscheidung, doch es wurden immer mehr die nicht arbeiten wollten. Sie sprachen: „Was sollen wir arbeiten wenn diese da es auch nicht tun?"
Die wenigen noch verbliebenen Engel konnten die Erde nicht alleine erbauen. Sie war noch so jung und wie ein Kind torkelte sie um die Sonne und wir griffen sehr oft ein, damit sie nicht zu-

sammenfiel. Die Engel die auf der Erde arbeiteten wurden von denen ausgelacht die auf der Erde wandelten und keinen Finger rührten. Die arbeitenden Stürmten auf die faulen und es ward ein großer Kampf auf der Erde und im Himmel.

Die Wächter traten vor Gott und erzählten ihm was geschehen war. Er sprach: „Ja meine Kinder des Himmels. Ich habe es gesehen." Gott ließ alle Engel versammeln und sprach: „Seht her!" Er schaute auf die Erde hinab und hielt seine Schützende Hand über sie. Die Erde hörte auf zu torkeln und alles Leben begann, allein durch seine Kraft. Er stand mit dem Rücken zu uns und ließ den Kopf sinken. Als aber einige Engel sahen dass ihm Tränen über das Gesicht liefen, ward ein großes Gemurmel unter ihnen. Wir senkten das Haupt und schließen die Augen. Gott so zu sehen erfüllte uns mit Scham und Schmerz!

Gott sah uns an und sprach: „Ihr habt mich hinterfragt und auch gemeutert. Ihr habt mich für einen Narren gehalten. Diese Erde sollte für euch sein. Doch ihr seid es nicht Wert das man sich mit euch weiter beschäftigt." Gott zeigte mit seinem Finger auf die Erde und sprach „Ich habe für euch aus diesem Klumpen Stein eine Erde gemacht und dort sollt ihr auch von nun an Leben. Diese Erde soll für euch die Hölle sein! Wenn eure Zeit gekommen ist, werde ich euch rufen und ihr werdet vor ein Tribunal gestellt das überprüft wie ihr gelebt habt. Nur wenn ihr Tugendhaft und Sündenfrei gelebt habt, dürft ihr wieder in den Himmel. Ansonsten schicke ich euch wieder hinab. Dies soll eure Strafe sein."

Gott erschuf leere Wesen aus einem Affen, die er unserem Aussehen anpasste. Einen Kopf, zwei Arme und Beine und nannte sie Menschen. Dann nahm er uns Engel, riss uns unsere Flügel aus, nahm uns unseren Lichtreif und unsere übersinnlichen Fähigkeiten. Dann steckte er uns in diese Körper. Gott sah uns ein letztes Mal an und sprach: „Vor den Toren des Himmels werde ich eine Stadt errichten und sie wird von einer hohen Mauer umgeben sein! Sie wird den Namen Dori tragen! Dorthin gelangen jene die Sündhaft sind, bis sie ihre Sünden erkannt und bereut haben!" Und Gott verschwand in den Wolken.
Seit dieser Zeit müssen wir hier auf der Erde leben und ein tugendhaftes und sündenfreies Leben führen um irgendwann wieder ein Engel sein zu dürfen.
Die Erde die für uns Engel von Gott erschaffen wurde. Die Erde die allein für uns gedacht war. Sie ist nun die Hölle in der wir schmoren müssen, bis Gott uns ruft um uns zu richten.

Soweit die Schöpfungsgeschichte der Tenshi, die anders als die Schöpfungsgeschichten der anderen Religionen ist. Ich möchte hier an dieser Stelle anmerken, dass diese Schöpfungsgeschichte auch mir mündlich überliefert wurde. Die hier vorliegende Schriftform ist eine Zusammenfassung des Autors. Sollte etwas fehlen, dann bitte ich um eine Nachricht. Ich werde dies in einer überarbeiteten Ausgabe berücksichtigen.

Einmal ist von der Erde als Ball aus Wolken die Rede und ein anderes Mal als Klumpen aus Stein. Hier scheint die Erde einmal im Urzustand und dann nach der „Bearbeitung" der Engel gemeint zu sein. Auch ist von einem „kleinen Arbeiter" die Rede. Dies ist ein Hinweis darauf, dass die Arbeiter den niedrigsten Rang unter Engeln haben aber dennoch angesehen sind. Die Wahrscheinlichkeit einen solchen „Arbeiterengel" in uns zu beherbergen ist sehr groß, da diese die zahlreichsten sind.

Mir persönlich gefällt die Schöpfungsgeschichte der Tenshi am besten, denn sie zeigt einen Gott der zwar Allmächtig ist aber den Engeln erlaubt „ihre" Erde selbst zu entwerfen. Auch dass Gott hier sehr menschlich dargestellt wird, weil er lacht und weint, finde ich persönlicher. Man kann dadurch eine viel bessere Beziehung zu Gott aufbauen als das bei anderen Religionen der Fall ist. In der Bibel zum Beispiel ist Gott einmal rachsüchtig und dann wieder liebevoll. Dieser Wechsel ist für manche nur schwer verständlich und auch nicht mit der Sichtweise von „altem" und „neuem" Testament erklärbar.

Es ist auch nicht genau geklärt woher die Übersetzung „Stadt der Gefallenen" für den Namen der Stadt „Dori" herkommt. Die Sprachherkunft ist nicht bekannt. Viele Tenshi glauben, dass dies ein Wort aus der Sprache des Himmels ist. Ob es so ist, werden wir erfahren. Nach unserem „Tag der Abreise".

Wer ist Gott?

Wer ist Gott eigentlich? Eine Frage die mir immer wieder gestellt wird. Ich möchte diese Frage mit einem Brief beantworten den ich an eine junge Türkin geschrieben habe. Leyla schrieb mir damals eine E-Mail und fragte mich:

„Ist Gott der gleiche wie Allah?"

Ich schrieb ihr:

Liebe Leyla,
 Deine Frage ist nicht leicht zu beantworten.

Einige Evangelikale Christen, betrachten Allah nicht als den Gott der Christen und die Juden betrachten ihren Gott meines Wissens nach auch nicht als mit Allah identisch. Es stellt sich sowieso zuerst einmal die Frage, ob unser Gott überhaupt der gleiche wie der Gott der Juden und Christen ist. Bei allen vier Religionen, also das Judentum, Christentum, Islam und Tenshi, gibt es keinerlei Übereinstimmung in der Beschreibung Gottes. Die Juden haben einen strafenden Rachegott, die Christen eigentlich zwei Götter die alles verzeihen und jeden lieben und die Muslime (das weißt du ja selbst) haben einen Gott, der eine große Ähnlichkeit mit dem alten arabischen Mondgott „Allah" hat. Sie behaupten nur, dass Allah mit dem Gott der Juden und Christen identisch ist.

Wir Tenshi allerdings, wissen das Gott Allmächtig ist, aber wir wissen auch um seine kleinen Schwächen und das er hin und wieder Fehler macht. Gott selbst hat ja auch zugegeben, das er Fehler gemacht hat und das er nicht überall auf der Welt gleichzeitig sein kann, aber dafür hat er ja auch seine Helfer, die Engel. Die bei uns zwar nicht den gleichen Stellenwert wie Gott haben, aber dennoch von uns um Hilfe gebeten werden können. Nach dieser Betrachtung können wir sagen, das unser Gott nicht derselbe wie Allah ist. Er ist aber auch nicht derselbe wie der Gott der Juden oder der Christen. Beim Judentum, Christentum und Islam ist Gott der alleinige Herrscher dieser Welt und er ist Unfehlbar. Wir Tenshi wissen aber, das Gott nicht Unfehlbar ist. Er macht Fehler, so wie Du und ich auch. Gleichzeitig ist Gott aber immer derselbe. Für uns Tenshi spielt es keine Rolle ob man Christ, Moslem, Jude, Buddhist oder Tenshi ist. Es ist immer der gleiche Gott zu dem wir alle beten. Ganz egal wie man ihn nennt oder welche Gestalt man ihm zuträgt, er bleibt immer derselbe. Das was ich oben geschrieben habe, sind lediglich verschiedene Sichtweisen auf Gott. Christen glauben dass Jesus der Sohn von Gott war, für Muslime ist Jesus ein Prophet. Daran erkennst du schon verschiedene Sichtweisen. Für die Christen ist Gott jemand der Kinder zeugen kann, Muslime lehnen diese Sichtweise ab. Genau solche verschiedenen Sichtweisen haben in der Vergangenheit zu schweren Kriegen geführt und es wird deswegen immer Kriege geben.

Die Menschen müssen akzeptieren dass man im Namen Gottes keine Kriege führen kann, denn es wird niemals einen Sieger geben. Leyla ich weiß dass viele Menschen die aus muslimischen

Ländern stammen, ein Problem damit haben „Gott" anstatt „Allah" zu sagen. Aber das ist kein Problem, nenne ihn ruhig weiterhin „Allah" denn es ist immer „Er" den wir alle meinen.

Tenshi sind der Meinung dass alle Religionen den gleichen Gott anbeten. Selbst wenn es sich dabei um polytheistische Religionen handelt. Denn auch dort gibt es einen „Hauptgott" dem mehr Fähigkeiten zugeschrieben werden als allen anderen. Es gibt bei den Tenshi eine genaue Beschreibung wie Gott aussieht. Andere Religionen machen darum einen großen Bogen, was für uns absolut unverständlich ist. Warum sollen Gläubige nicht Wissen wie Gott aussieht? Würden sie dadurch nicht eine nähere Bindung zu Gott erhalten? Viele Menschen haben eine eigene Vorstellung wie Gott aussieht. Für die meisten ist er von großer und schlanker Statur, hat einen langen weißen Bart und gütige Augen. Das stimmt fast mit der Beschreibung der Tenshi überein. Gott ist nicht übermäßig groß, also nicht drei oder vier Meter, sondern von normaler Größe mit einem leichten Bauchansatz. Er hat lange graue Haare und einen langen grauen Bart. Das besondere ist aber, dass in der Überlieferung von einer dunkel gebräunten Hautfarbe die Rede ist.

Wenn Tenshi ganz offen sagen wie Gott aussieht, warum tun es dann die anderen Religionen nicht? Weil andere Religionen es nicht Wissen oder davor Angst haben das man ein Bild von ihm malt oder eine Skulptur anfertigt. Tenshi brauchen davor keine Angst zu haben, denn ein Tenshi würde so etwas niemals tun. Sich beim Gebet Gott nicht in Gedanken vorzustellen, sondern eine Figur anzuschauen ist eine der großen Sünden. Denn nur wenn wir uns Gott in seiner Gestalt vorstellen, können wir eine mentale Verbindung zu ihm aufbauen.

„Warum lässt Gott zu dass so etwas passiert?" Solche oder ähnliche Rufe hört man immer wieder nach Unfällen, plötzlichen Todesfällen, Terroristischen Anschlägen oder Naturkatastrophen. Gott wird dafür verantwortlich gemacht, denn schließlich war es sein Wille. Diese Denkweise kommt nicht von den Menschen selbst. Sie wurde ihnen über Jahrhunderte eingetrichtert von allen großen Religionen. Für das was auf der Erde passiert, trägt Gott keinerlei Verantwortung. Was auf der Erde passiert hat der Mensch allein verursacht. Naturkatastrophen wie Erdbeben, Wirbelstürme oder Überflutungen sind ganz allein durch den Mensch verursacht und zwar weil die Menschen diese Erde nicht achten und respektieren. Sie werfen diese Erde auf den Müll als wäre es der Abfall aus einem Fast Food Restaurant. Wenn die Menschen doch nur den Abfall aus dem Fast Food Restaurant auf den Müll werfen würden, doch viel eher liegt er im Straßengraben. Sie bohren in der Erde wegen Geothermie oder Fracking und pumpen Massenweise giftige Substanzen in das Erdreich. Aber Erdbeben löst das doch nicht aus. Nein, natürlich nicht. Gott ist Schuld! Die Menschen pusten tausendfach Abgase in die Atmosphäre und wundern sich warum sich das Klima ändert. Aber natürlich, die Lösung ist doch so einfach. Gott ist Schuld! Die Menschen holzen die Regenwälder ab, begradigen Flüsse und nehmen dem Meer Land weg. Selbstver-

ständlich kommt es zu Überschwemmungen aber deswegen doch nicht. Nein, Gott ist Schuld! Gott ist an allem Schuld, egal ob sich ein Selbstmordattentäter in der U-Bahn hochjagt und hunderte von Menschen mit in den Tod reißt oder ob ein betrunkener Autofahrer eine alleinerziehende Mutter von zwei kleinen Kindern totfährt. Gott ist Schuld!

Doch werfen wir mal einen Blick hinter die Fassade von Großkonzernen, Lobbyisten und auch hinter die Fassade von uns selbst. Dann sehen wir, dass wir – die Menschen – ganz alleine daran schuld sind, dass solche Dinge geschehen. Gott trifft keine Schuld! In jedem Baum, jedem Strauch, ja sogar in jedem Kieselstein steckt ein Teil von Gott und wenn wir also diese Erde schänden, dann schänden wir auch Gott. Wenn wir ihm diese Dinge antun, warum sollte er sich um uns kümmern. Wir müssen zusehen dass wir in unserem Leben uns an die Verbote und Gebote Gottes halten und das sind nicht wenige. Nur dann werden all diese Schrecklichen Dinge aufhören. Denn der Mensch ist Schuld! Wir sind Schuld dass wir hier sind, wir sind Schuld dass es Kriege gibt und wir uns gegenseitig vernichten.

Gott ist gütig und freundlich. Er liebt uns, weil wir seine Kinder sind und er gibt uns immer wieder eine neue Chance. Sollten wir es ihm dann nicht danken und uns endlich an seine Vorgaben halten?

Dori – Die Stadt der Engel

Stellen Sie sich folgendes Szenario vor:

Sie sind umgeben von Licht. Sie fühlen sich frei und leicht, ein Gefühl das Sie noch niemals zuvor gefühlt haben durchströmt Ihren Körper. Alles ist warm und fühlt sich angenehm an. Doch plötzlich wird es dunkel und sie haben das Gefühl zu fallen. Urplötzlich ist alles vorbei. Sie öffnen langsam Ihre Augen, das Licht blendet Sie. Es dauert eine Weile bis Sie sich an die Lichtverhältnisse gewöhnt haben. Sie sind an einem Ort den Sie nicht kennen. Sie sehen Ihr Gesicht im Spiegel aber es ist Ihnen fremd. Sie versuchen sich daran zu erinnern was vorher war, aber da ist nichts. Sie wissen nicht wo Sie sind, wer Sie sind und was Sie sind. Ganz langsam beschleicht Sie eine Panik. Sie haben Angst weil Sie sich dass alles nicht erklären können.

Das kann einem Angst machen, aber kein Problem. Sie sollten jetzt aufmerksam weiterlesen, damit Sie nicht dieser Panik und Angst verfallen.
Wenn Sie das oben gelesene erleben, dann sind Sie gestorben und in der Stadt Dori gelandet. Dorthin kommt nicht jeder. Nach Dori kommen nur diejenigen, die in ihrem Leben eine große Sünde oder Verfehlung begangen haben. Hat jemand sein Leben damit verbracht jede Sünde oder Verfehlung zu begehen, dann landet derjenige direkt vor

dem Tribunal. In Dori kann man nur eine große Sünde oder Verfehlung bereuen. Wer also die Stadt Dori erreicht, hat es zumindest fast in den Himmel geschafft. Doch keine Bange, Dori ist kein Ort der Qual oder der Bestrafung. Es ist ein Ort an dem man Hilfe bekommt um diese eine große Sünde zu bereuen und zu sühnen. *„Das Wissen dass man etwas falsch gemacht hat, ist das bereuen."*, so schrieb mir einst ein alter Freund. Das Problem ist nur, dass Sie nichts mehr von Ihrer Sünde oder Verfehlung wissen, wenn Sie Dori erreichen.

Wie Dori aufgebaut ist und wie die Stadt aussieht ist nicht überliefert. Es heißt nur dass man die Stadt nicht verlassen kann, da es weder Ein- noch Ausgänge gibt. Man erwacht einfach irgendwo in der Stadt in seiner Engelsgestalt und ist dann erstmal auf sich allein gestellt. Doch man wird schnell Freunde finden, die einem helfen eine Unterkunft und Arbeit zu finden. Arbeiten müssen Tenshi immer, egal ob hier auf der Erde, in Dori oder im Himmel. Aber diese anderen Engel werden einem auch helfen die Sünde zu finden, die man bereuen und sühnen muss. Das wird auch von einem selbst erwartet, denn gegenseitige Hilfe ist unerlässlich.

Man muss sich Dori wohl doch eher wie eine echte Stadt vorstellen, denn man kann nicht davon ausgehen dass in Dori nur drei oder vier Engel leben. Es müssen tausende, zehntausende oder sogar hunderttausende von Bewohnern sein. Wobei nicht alle Engel sind. Es gibt auch Engel denen es in Dori so gut gefallen hat, dass sie die Stadt nicht wieder verlassen wollen. Am Tag des Aufbruchs, so heißt übrigens auch der Todestag bei den Tenshi, kann sich ein Engel entscheiden nicht in den Himmel zu gehen, sondern in Dori zu bleiben. Doch das hat schwerwiegende Folgen. Man behält zwar seine Engelsgestalt, verliert aber seine Flügel und seinen Lichtreif. Auch kann man nicht mehr sterben und auch nicht altern. Man muss nun sein ganzes Dasein in Dori fristen und den anderen Engeln helfen ihren Tag des Aufbruchs zu erreichen. Sollte man sich später umentscheiden und nun doch in den Himmel wollen oder wieder auf die Erde zurück wollen geht es nicht. Die Entscheidung in Dori zu bleiben ist unumkehrbar.

Natürlich bekommt ein Engel der in Dori lebt kleine Hinweise auf seine Sünde. Doch diese Hinweise sind nicht unbedingt sehr Aussagekräftig. Aber das ist auch nicht das Prinzip dahinter. Jeder einzelne muss für sich selbst in seinem inneren nach der Sünde suchen, denn nur so kann er tiefe Reue für sein Fehlverhalten empfinden und diese dann auch überwinden. Wenn jemand kommen würde und sagen würde *„Du bist hier weil du Selbstmord begangen hast!"*, dann würde das wohl kaum zu einer tief empfunden Reue führen, man muss es schon selbst herausfinden. Denn ohne bereuen der Sünde, kann es keinen Tag des Aufbruchs geben. Dieser wird nur dann kommen wenn die Sünde gesühnt ist. Egal ob es eine Woche, acht Monate oder hundert Jahre dauert.

Wenn der Tag des Aufbruchs gekommen ist, wird der Engel es spüren. Er wird morgens aufwachen und wissen dass der Tag des Aufbruchs kurz bevorsteht, aber er wird es niemandem sagen. Er wird sich von allen lieb gewordenen Gefährten verabschieden und sich dann zurückziehen. Er wird alleine einen Ort aufsuchen an dem er unbeobachtet ist. Er wird ein letztes Mal beten und dann einfach verschwinden, genauso wie er gekommen ist.

Dann wird er im Himmel vor dem Tribunal erscheinen und danach Gott in die Arme schließen und ihn um Verzeihung bitten. Dann wird er mit einem großen Fest wieder in die Gemeinschaft der Engel aufgenommen und das ist es doch, was wir Engel wollen.

Gemeinschaften

Innerhalb der Tenshi Religion wird zwischen zwei Gemeinschaften unterschieden:

- ➢ die Gemeinschaft der Engel
- ➢ die Gemeinschaft der Gefallenen

Doch was unterscheidet die beiden?

Die Gemeinschaft der Engel

Alle Engel die im Himmel leben bzw. die es geschafft haben wieder in den Himmel zu kommen, nennt man „Die Gemeinschaft der Engel". Diese Gemeinschaft ist geprägt von Liebe, Toleranz und Zuneigung. In der Vorstellung vieler Menschen sehen Engel aus wie kleine Kinder. Sie tragen weiße Kleidchen und sitzen mit kleinen Harfen auf Wolken. Für Esoteriker wiederum sind Engel unsichtbare Kraftwesen. Doch wie sind Engel wirklich? In der Schöpfungslehre der Tenshi heißt es, dass Gott leere Wesen aus einem Affenartigen Tier erschuf und es dem Aussehen der Engel anpasste. Engel sehen deshalb nicht viel anders aus als der Mensch. Zwei Arme, zwei Beine, einen Körper und einen Kopf. Der Unterschied zwischen Engeln und Menschen ist, dass Engel Flügel haben und zwar je nach Rang in unterschiedlicher Farbe und Größe. Die Farbe variiert von grau, über einen gelblichen Ton bis hin zu einem strahlenden weiß. Auch die Größe der Flügel variiert. Vom Arbeiter mit den kleinsten Flügeln bis hin zu den Wächtern mit den großen Flügeln. Auch haben Engel einen Lichtreif, der von der christlichen Kirche auch gerne als „Heiligenschein" bezeichnet wird. Doch dieser Lichtreif, ein leuchtend weißer Ring mit ca. 30 cm Durchmesser der über dem Kopf des Engels schwebt, dient nicht der optischen Aufwertung. Nein, er ist ein Zeichen dafür, dass es sich um einen vollkommen reinen und von Trieben befreiten Engel handelt und er sich der Gnade und der Fürsorge Gottes sicher sein kann. Folglich gibt es auch Engel die keinen Lichtreif tragen. Ein Engel muss sich den Lichtreif nämlich erst verdienen.

Engel können Kinder zeugen, aber nur untereinander. Diese Aussage wird vielen Menschen einen Schlag ins Gesicht verpassen, denn die meisten denken doch, dass ein Engel ein asexuelles Wesen ist. Doch weit gefehlt, Engel zeugen Kinder. Ob der Zeugungsakt identisch mit dem hier auf der Erde ist, ist nicht überliefert. Wenn ein Engelskind auf die Welt kommt hat es weder Flügel noch einen Lichtreif. Die Flügel wachsen erst im Laufe der Zeit, was ein sehr schmerzhafter Prozess ist. Den Lichtreif empfängt ein Engelskind erst dann, wenn es bewiesen hat, dass es bereit ist ein Teil der Gemeinschaft der Engel zu werden. Es muss vor Gott und der ganzen Gemeinschaft einen Eid ablegen und eine von der Gemeinschaft ausgewählte Aufgabe erfüllen. Erst wenn der Eid geleistet wurde und die Aufgabe bestanden ist, wird dem Engelskind der Lichtreif verliehen. Erst dann ist das Kind kein Kind mehr sondern ein richtiger Engel. Meistens wird den Engelskindern die Aufgabe erteilt sich um einen Menschen zu kümmern der zwar ein Tugendhaftes Leben geführt hat aber noch einen kleinen Wegweiser braucht. Aus diesem Grund sind die meisten Schutzengel Engelskinder. Viele Kulturen der Erde haben aufgrund dieses Initiationsritus einen ähnlichen Weg gewählt um aus Kindern Erwachsene zu machen. Aber es geht auch anders herum. Wenn ein Engel ungehorsam ist, kann ihm auch der Lichtreif wieder weggenommen werden und er bekommt ihn erst wieder wenn er sich erneut bewiesen hat. Diese Strafe ist zwar sehr drastisch, aber auch sehr wirkungsvoll. Denn jeder kann sofort sehen, dass dieser Engel in Ungnade gefallen ist und dies ist sehr peinlich. Engel haben einen freien Willen, ein Fehler von Gott und der Grund warum wir alle hier auf der Erde sind. Aber Engel können auch verdammt stur sein, wie wir in der Schöpfungslehre gelesen haben. Was Engel auch haben, sind „übersinnliche" Fähigkeiten. Dadurch können Engel mit uns Menschen oder den Tieren kommunizieren. Engel kommunizieren mit uns meistens über Telepathie oder sie erscheinen uns in den Träumen. Sie tun das, weil sie uns etwas sagen wollen. Etwa weil sie wollen dass wir die richtige Entscheidung treffen oder um uns zu sagen dass wir uns falsch verhalten haben. Kennen Sie das, wenn Sie Urplötzlich eine Art Geistesblitz haben? Einige Menschen berichten von Ereignissen, wie z.B. einem mulmigen Gefühl oder sie haben das Gefühl einem geliebten Menschen passiert etwas Schreckliches. Das sind Engel die mit uns kommunizieren. Schutzengel haben auch die Fähigkeit in Tiere zu schlüpfen um uns besser beschützen zu können. Das ist zum Beispiel ein Grund, weshalb Tenshi meistens Haustiere halten. So kann der Engel bei Bedarf in das Tier schlüpfen um uns zu helfen. Einen Schutzengel hat jeder Mensch, vollkommen egal ob er daran glaubt oder nicht.

> Praxistipp!
> Im Praxisteil gibt es ein kleines Ritual mit dem man seinen Schutzengel darum bittet uns seinen Namen zu verraten.

Die Gemeinschaft der Gefallenen

Alle Menschen die auf der Erde leben gehören zu der „Gemeinschaft der Gefallenen". Diese Gemeinschaft sollte geprägt sein von Liebe, Toleranz und Zuneigung, doch die Realität sieht anders aus. Hass, Gewalt, Mobbing, Intoleranz und Hinterhältigkeit (um nur einige wenige zu nennen) sind an der Tagesordnung. Niemand kann sich sicher sein, dass er in einer „liebevollen" Umgebung lebt. Selbst wenn man denkt man hätte gute Freunde, nette Kollegen und einen lieben Partner, so wird man irgendwann schmerzlich feststellen dass gerade diese Personengruppen einem in den Rücken gefallen sind. Sei es der nette Kollege der fiese Intrigen spinnt, der gute Freund der hinter unserem Rücken mit unserem Partner schläft oder der freundliche Nachbar der voller Neid auf unser neues Auto, uns die Reifen aufschlitzt oder den Lack des Neuwagens zerkratzt. Der eine wird es früher, der andere später erkennen. Spätestens dann, wenn wir urplötzlich gekündigt wurden und nicht wissen warum, unser Partner und unser bester Freund plötzlich spurlos verschwunden sind und komischerweise die ganzen Sachen unseres Partners fehlen oder wir nach dem vierten Reifenkauf einen Hinweis auf unseren Nachbarn erhalten. Doch warum ist das so? Es mag den einen oder anderen beruhigen wenn ich sage dass dies schon immer so war und dies alles keine Erscheinung der Neuzeit ist. Das Problem das wir haben ist, dass wir in den Körpern von affenartigen Tieren leben und diese rein nach ihren Trieben handeln. Egal ob es ein sehr edler und feiner Mensch ist oder gar ein angesehener Wissenschaftler, alle werden irgendwann ihren tierischen Trieben erliegen. Nehmen Sie einen prüden und schüchternen Mann und setzten Sie ihn auf einen Stuhl. Danach lassen Sie junge, hübsche und splitterfasernackte Frauen vor ihm erotisch tanzen. Es wird nicht lange dauern und dieser prüde und schüchterne Mann wird nicht mehr prüde sein und schüchtern schon gar nicht. Treiben Sie dieses Spiel weiter und Sie werden sehen, wie dieser Mann plötzlich zu einer Bestie wird und eine der Frauen vergewaltigt. Sein von den Eltern, der Schule und der Gesellschaft anerzogenes Denken und Verhalten, wird von seinen Trieben ausgeschaltet und gesteuert. Er weiß dass eine Vergewaltigung strafbar ist aber das interessiert ihn nicht mehr. Er wird rein seinen Trieben folgen. Erst danach, wenn sein Trieb befriedigt ist, wird er sehen was er getan hat. Sein Denken setzt wieder ein, aber nur kurz, denn dann kommt ein weiterer Trieb in ihm hoch, der Selbsterhaltungstrieb. Er wird versuchen diese Tat zu verschleiern, er wird die Frau anbetteln nichts zu sagen, er wird ihr Geld anbieten und wenn das alles nichts nützt wird er sie schließlich töten, um seine Tat zu verschleiern und um seine einzige Zeugin zum Schweigen zu bringen. Herzlichen Glückwunsch, Sie haben einen harmlosen Menschen zu einem Mörder gemacht.

Die Erde soll für uns die Hölle sein, so steht es in der Schöpfungsgeschichte und so ist es auch gekommen. Der gefallene Engel, also wir, steckt nun in diesem Körper und muss mit ansehen, wie dieser Körper mit seinen animalischen Instinkten und Trieben Dinge tut, die dieser Engel niemals tun würde. Aber wir können es nicht ändern, denn das Wesen des Körpers ist zu stark. Man hört immer wieder etwas von einem „Gewissen". Dieses Gewissen, diese kleine innere Stimme ist der Engel in uns, der uns warnt dieses oder jenes zu tun. Aber hören wir immer auf ihn? Erst wenn der Körper zur Besinnung kommt und anfängt dem Engel mehr Raum zu geben, erst dann werden wir Tugendhaft und Sündenfrei sein.

Doch wie sollen wir das schaffen? Können wir unsere Triebe unterdrücken? Ja, man kann und man muss. Denn die

menschlichen Triebe zu unterdrücken bzw. sie komplett abzuschalten, ist der einzige Weg für uns um wieder in den Himmel zu gelangen. Nun werden manche denken „*Toll, was bringt mir das jetzt? Ich habe lange Jahre sündhaft gelebt. Jetzt ist das Kind in den Brunnen gefallen!*" Ich sage dazu „*Nein, ist es nicht. Hol das Kind wieder da raus, Kinder sollten nicht im Brunnen sitzen. Was soll es auch da?*"
Wenn wir sterben und vor dem Tribunal stehen, dann wird alles was wir in unserem Leben gesagt, getan und gedacht haben uns noch einmal vorgehalten. Wenn diese Engel aber sehen, dass wir uns plötzlich geändert haben, dann werden diese schlimmen, sündhaften und untugendhaften Dinge nicht so streng bewertet werden. Anders wäre es, wenn wir uns nicht geändert hätten. Ich vergleiche es mal mit der Schule. Sie sind gerade dabei Abitur zu machen, doch Sie haben sich nicht wirklich gut vorbereitet und stehen zwischen zwei Noten. Wenn der Lehrer sieht dass Sie sich bemüht haben und eigentlich ein guter Schüler sind, dann wird er Ihnen die bessere Note geben. Weiß der Lehrer aber, dass Sie vollkommen faul sind und es niemals wirklich versucht haben, dann werden Sie die schlechtere Note bekommen. So läuft es auch vor dem Tribunal ab.
Doch keine Angst, ein Tenshi ist niemals allein! In diesem Buch werden Sie lernen Ihre Triebe zu unterdrücken bzw. auszuschalten. Dies geschieht nicht von heute auf morgen und es wird auch nur gelingen, wenn Sie es wirklich wollen. Eine halbherzige Herangehensweise wird Ihnen nichts bringen. Die Schlüsselworte heißen „Meditation", „Beten" und „Verzicht".

Nun wird es wieder heißen *„Oh Mann, schon wieder eine Religion die einem die Meditation aufdrängen will!"* Die Meditation ist keine Methode die nur aus dem fernöstlichen stammt. Meditation gibt es schon seit Urzeiten. Jeder Mensch der betet, ist in einer Meditation. Egal zu welcher Religion er sich zugehörig fühlt.

Das Meditieren, das Beten, der Verzicht auf Situationen in denen unsere Triebe hervortreten können und das Einhalten von Regeln sind die Grundpfeiler der Triebunterdrückung. Nur wenn wir das alles praktizieren, haben wir unsere Aufgabe erfüllt und wir werden unseren Lichtreif wieder erhalten. Nur dann werden wir wieder Engel und gehören zu der stolzesten und ehrenhaftesten Gemeinschaft überhaupt, der Gemeinschaft der Engel.

Die 21 Engelstugenden

Es gibt weit mehr als 21 Tugenden. Genauer gesagt gibt es mehrere hundert Tugenden, an die wir uns halten sollten. Aber wir Tenshi kennen 21 wichtige Tugenden, an die wir uns halten müssen. Diese Tugenden sind für uns unverzichtbar. Man nennt sie auch die Engelstugenden. Es sind die gleichen Tugenden, an die sich auch alle Engel halten. Da auch wir in gewisser Weise Engel sind, müssen wir uns auch an diese Tugenden halten.

In der nachfolgenden Tabelle, sehen Sie die 21 Engelstugenden und Beispiele für die jeweilige Tugend. Tenshi müssen diese Tugenden auswendig können, sie sind fester Bestandteil unserer Gemeinschaft. Die Reihenfolge hat nichts mit dem Stellenwert der Tugend zu tun. Jede Tugend ist gleich wichtig. Nähere Erläuterungen zu den einzelnen Tugenden, erhalten Sie weiter unten. Dabei ist jedoch zu beachten, das wir die einzelnen Tugenden nur Beispielhaft beschrieben haben, ein wenig über jede Tugend nachdenken, sollte man schon selbst.

Hingebung	Hingabe z.B. an Gott, an die Arbeit, an alles was wir tun, an einen Partner
Ehrfurcht	z.B. vor Gott und der Gemeinschaft der Engel, den Priestern
Reinheit	der Gedanken, des Körpers, keine Tätowierungen, keine Piercings
Friedfertigkeit	Menschen und Tieren gegenüber, der Gemeinschaft
Gottesliebe	Die ewige Liebe zu Gott
Vergebung	Menschen gegenüber die einen Fehler gemacht haben
Anstand	gutes Benehmen, Sittsamkeit
Mitgefühl	anderen Menschen und Lebewesen gegenüber
Bescheidenheit	Genügsamkeit, zugunsten anderer auf etwas verzichten
Demut	sich Gott und seiner Macht unterwerfen

Achtung	vor Gottes Schöpfung, den Menschen, Tieren, Natur
Barmherzigkeit	Nächstenliebe, soziales Denken, Liebe zu allen Lebewesen
Wissensstärke	bedingungslose Gewissheit das Gott existiert
Loyalität	Gegenüber Gott, der Gemeinschaft der Engel, der Gemeinschaft der Gefallenen
Ehrlichkeit	Gott, den Menschen und sich selbst gegenüber, keine Lügen
Enthaltsamkeit	wenig oder kein Alkohol und Zigaretten, keine Drogen
Keuschheit	kein Sex vor der Ehe, keine Pornographie, Jungfräulichkeit
Genügsamkeit	mit dem zufrieden sein was man hat oder bekommt, kein Reichtum
Treue	Gott, der Gemeinschaft, dem Partner gegenüber, kein Fremdgehen
Mut	Jemandem mutig entgegentreten, keine

	Angst haben vor niemandem
Tapferkeit	furchtlos einer schwierigen Situation entgegentreten bzw. kämpfen

Hingebung
Hingabe sollten wir in erster Linie Gott schenken. Hingabe ist die Ergebenheit in die Allmacht Gottes. Aber Hingabe sollten wir bei allem was wir tun empfinden. Wenn wir z.B. ein Zimmer aufräumen oder Geschirr abwaschen, dann sollten wir diese Tätigkeit gedanklich unserem Gott widmen und alles daran setzen, diese Tätigkeit bestmöglich zu erledigen. Das gilt natürlich für alle Tätigkeiten und nicht nur im Haushalt.
Hingabe ist das größte Zeichen von Liebe, das wir Gott geben können. Aber auch unserem Partner, sofern man verheiratet ist, sollten wir Hingabe schenken. Wenn wir unserem Ehepartner andauernd die kalte Schulter zeigen und ihn schlecht behandeln, dann wird er oder sie, sich irgendwann auch von uns abwenden und im schlimmsten Fall sogar scheiden lassen. Aber dies will wohl niemand, mal abgesehen davon, dass eine Scheidung, die wegen Kleinigkeiten vollzogen wird, auch Konsequenzen hat. Doch an erster Stelle, steht immer Gott und wir sollten ihm dankbar sein, wenn er uns einen Partner schenkt.
Die Engel selbst, tun alles mit voller Hingabe an Gott und so sollten wir dies auch halten.

Ehrfurcht
Die Ehrfurcht, kann man auch als „Respekt" bezeichnen. Somit wird klar, was mit dieser Tugend gemeint ist. Ehrfurcht bzw. Respekt sollten wir immer vor Gott selbst haben, aber auch vor der Gemeinschaft der Engel und vor den Priestern. Aber auch vor unseren Eltern, Lehrern, Menschen die älter sind als wir und natürlich auch vor der Polizei.
Ich will euch klarmachen, dass diese 21 Engelstugenden, nicht nur innerhalb der Religion gelten, sondern auch und gerade in eurem alltäglichen Leben. Ehrfurcht bzw. Respekt sollten wir nicht nur vor Menschen haben, sondern auch vor Tieren, der Natur, eben der ganzen Schöpfung Gottes.

Reinheit
Reinheit ist eine Tugend, die man leider außerhalb unserer Gemeinschaft nicht vorfindet. Wir verstehen unter Reinheit, die Reinheit des Körpers, der Gedanken und die Rituelle Reinheit. Unter „Reinheit des Körpers", verstehen wir, dass wir unseren Körper nicht durch Tätowierungen, Piercings (ausgenommen Ohrringen bei Frauen) oder Branding verschandeln und besudeln. Deshalb gibt es dazu auch ein Verbot, das jede Form von „Körperkult" verbietet. Der Körper, mögen wir auch darin gefangen sein, ist ein Geschenk Gottes. Er hätte uns ja auch einfach so des Himmels verweisen können. Aber er hat es nicht getan, sondern hat uns diese Körper gegeben. Damit haben wir alle eine

Chance, unser Fehlverhalten wieder gut zu machen. Deshalb sollten wir dieses Geschenk nicht mit Füßen treten, sondern es so lassen, wie Gott es uns gegeben hat.

Wenn wir sterben und vor dem Tribunal stehen, werden nicht nur unser Handeln oder unser Reden bewertet, sondern auch unser Denken. Deshalb ist die Reinheit der Gedanken so wichtig. Unreine Gedanken sind z.B. wenn wir böse Dinge über einen Menschen denken, wenn wir jemandem gedanklich den Tod oder Krankheiten wünschen, aber auch sexuelle Gedanken. Träume dagegen, sind keine Unreinen Gedanken, da wir Träume nicht bewusst steuern können. Wenn wir im Fernsehen oder im Kino einen Beitrag bzw. einen Film gesehen haben, der schlimme oder angstmachende Dinge enthält, wie z.B. Horrorfilme oder vielleicht sogar einen schweren Unfall auf der Straße beobachtet haben, dann können uns diese Dinge verfolgen. Sie können uns nachts nicht schlafen lassen, sie sorgen dafür dass wir ängstlich oder übervorsichtig werden und sie können uns Krank machen. Auch dies ist eine Form von Unreinen Gedanken. Es gibt natürlich kein Verbot solche Filme zu sehen, aber wir sollten so etwas nur dann sehen, wenn wir es auch verkraften können. Am besten ist es selbstverständlich immer, wenn wir solche Filme nicht sehen.

Etwas ganz anderes dagegen, ist die „Rituelle Reinheit". Darunter versteht jede Religion etwas anderes. Die Rituelle Reinheit in unserer Gemeinschaft, ist nichts anderes als mit dem Herz, den Gedanken und dem Kopf an einer Zeremonie vollends dabei zu sein. Ein Gebet, für welchen Zweck

und aus welchem Grund auch immer, ist ebenfalls eine Zeremonie. Vor dem betreten eines Tempels, dem verrichten eines Gebetes und vor jeder zeremoniellen Handlung, muss der Kopf, das Herz und die Gedanken, voll und ganz frei von jeder Ablenkung sein. Um es mal in Beispielen auszudrücken:
Wir hatten Ärger in der Firma oder zu Hause und wollen an einer Zeremonie in einem Tempel teilnehmen. Während des Gottesdienstes können wir uns dann nicht voll auf den Ablauf konzentrieren.
Wir wollen unser Abendgebet verrichten, aber unser Kopf kommt nicht zur Ruhe und wir vermasseln die vorgeschriebenen Texte oder wir erinnern uns nicht mehr daran.
Beide Beispiele kommen immer wieder vor und beide Beispiele sind Beleidigungen Gottes gegenüber. Egal welchem Stress, Ärger oder Problemen wir auch immer ausgesetzt sind, diese müssen von uns abfallen, sobald wir über die Schwelle eines Tempels (eines heiligen Raumes) treten oder uns zum Gebet niederlassen, denn ab dann gehört unser Herz, unser Kopf und unsere Gedanken einzig und allein Gott.

Friedfertigkeit
Friedfertigkeit bedeutet auf der einen Seite, dass wir allen Menschen und Tieren friedlich begegnen sollen. Es bedeutet aber auch auf der anderen Seite, dass wir nicht alles hinnehmen müssen oder uns alles gefallen lassen müssen. Wenn wir uns verteidigen müssen, weil wir angegriffen werden, dann sollten wir das tun. Damit meine ich nicht

nur die Religion, sondern auch und gerade uns Menschen. Wenn wir geschlagen werden, dann schlagen wir zurück. Aber denkt daran, nur verteidigen, nicht angreifen! Lange Jahre wurde diese Tugend anders ausgelegt und so haben wir uns nicht verteidigt, als über 600 Tenshi in einen Tempel gesperrt wurden und dieser an allen Seiten angezündet wurde. Unsere Vorfahren, viele darunter Frauen und Kinder, starben qualvoll. Diejenigen die nicht am Rauch erstickten, verbrannten bei lebendigem Leib. Damals zogen wir uns in den Untergrund zurück und führten ein Dasein als Mythos. Seit 1920 wird diese Tugend wieder richtig angewandt. Niemand muss sich alles gefallen lassen.

Gottesliebe
Eigentlich sollte diese Tugend selbsterklärend sein. Deshalb nur ein paar Worte dazu. Gottesliebe ist die Tugend, die einen Engel und somit einen Tenshi ausmacht. Niemand sonst, steht so Felsenfest hinter Gott und ist so in die Liebe zu Gott vertieft wie wir. Auch wenn einige Menschen auf dieser Erde das anders sehen, sie werden ihre Strafe von Gott erhalten und auf ewig Wiedergeboren werden.

Vergebung
Vergebung werden wir von Gott erhalten, wenn wir uns bewiesen haben und ein Tugendhaftes und Sündenfreies Leben geführt haben. Vergebung ist aber auch eine Tugend, die manchem nicht besonders leicht fällt. Vergeben können wir Menschen und Tieren und das sollten wir auch. Bei kleineren Vergehen fällt die Vergebung leicht, aber bei

schweren Vergehen, ist es uns fast unmöglich zu vergeben. Fällt es einer vergewaltigten Frau leicht ihrem Peiniger zu vergeben? Wohl nicht, aber dennoch gab es schon Fälle in denen das vorgekommen ist. Wir können nur dem menschlichen Körper vergeben, der von den animalischen Instinkten getrieben wird. Dem Engel, der in diesem affenartigen Wesen steckt, können wir nicht vergeben. Gott selbst, wird das auch nicht tun. Der Engel kann nur in seinem nächsten Leben für die Vergebung arbeiten, indem er eben Tugendhaft und Sündenfrei bleibt. Erst wenn er das geschafft hat, wird er wieder ein Teil der Gemeinschaft der Engel und erfährt somit auch die Vergebung von Gott.

Anstand
Anstand ist eine Tugend, die eigentlich selbstverständlich sein sollte. Doch in der heutigen Zeit und Gesellschaft, sieht man immer weniger Menschen mit Anstand, leider auch innerhalb unserer Gemeinschaft. Anstand, und dazu gehören auch die Manieren, sind leider nicht mehr üblich. Die Wörter „Bitte" und „Danke" gehören auch bei vielen Menschen, besonders bei Kindern und Jugendlichen, nicht mehr zum Wortschatz. Anstand ist eine Tugend, die man Kindern schon von klein auf beibringen muss. Niemand wird damit geboren. Aber am schlimmsten sind Erwachsene, die keinen Anstand haben oder zeigen wollen. Sie kauen mit offenem Mund, lassen Menschen nicht aussprechen, zeigen keinerlei Respekt vor Älteren. Anstatt einer alten Dame, die an zwei Krücken ging, die Tür aufzuhalten, schlug man ihr die Schwingtür vor der Nase zu. Dieses

Verhalten sollte eigentlich nicht zu einem dreißigjährigen Bankangestellten passen, aber Manieren und Anstand, hat er wohl nie gelernt.

„*Es ist auch manchmal nicht nachzuvollziehen, wie Eltern es erlauben können, das ihre Kinder, vor allem die Mädchen, auf der Straße herumlaufen und angezogen sind, wie eine Prostituierte. Kein Mädchen und keine Frau sollte mit Hotpants, bauchfreier Oberbekleidung, hautenger Bekleidung oder Miniröcken herumlaufen. Ihr seid doch mehr wert, als das man euch auf ein Sexobjekt reduziert. Jeder Mensch, und dazu gehören auch die Jungs bzw. Männer, sollten nur züchtige und tugendhafte Kleidung tragen.*"

So schrieb ich es mal einer jungen Frau, die mich zu dieser Tugend befragte. Es mag hart klingen, aber auch das gehört zur Tugend „Anstand". Unter Anständiger Kleidung verstehen wir heute alles, was nicht aufreizend ist. Oben beschriebene Bekleidung, sollte definitiv nicht in den Kleiderschrank eines Tenshi gehören.

Deshalb, haltet euch an diese Tugenden. Zeigt sie auch nach außen hin, dann werdet ihr nicht nur den inneren Frieden spüren, sondern ihr habt auch eine Chance auf Frieden nach diesem Leben.

Mitgefühl

Mitgefühl ist eine Tugend, die eigentlich jedem Menschen angeboren ist. Selbst wenn man meinen könnte, bestimmte Menschen hätten kein Mitgefühl. Doch sie ist tief in jedem Menschen verwurzelt, selbst Tiere kennen Mitgefühl. Wir sollten also jedem Menschen und jedem anderen Lebewe-

sen Mitgefühl entgegenbringen. Aber Vorsicht, manche Menschen haben eine Strategie entwickelt, um über das Mitgefühl Dinge und Leistungen zu erschleichen. Zum Beispiel stehen häufig, besonders in der Weihnachtszeit, einige Menschen mit kleinen Ponys, Hunden und anderen Tieren in den Fußgängerzonen und betteln. Vielfach steckt eine Art Mafia dahinter. Das Geld das die Menschen spenden, kommt nicht den Tieren zugute, sondern vielfach dem neuen Mercedes des Chefs.
Damit will ich euch zeigen, das es sehr gut ist Mitgefühl zu zeigen, aber passt auf, das man euch nicht wegen eures Mitgefühls ausnutzt.

Bescheidenheit
Bescheiden sind wir dann, wenn wir zu Gunsten eines anderen auf etwas verzichten oder wenn wir gar nichts oder wenig von etwas für uns beanspruchen.
Beispiele:
Wir warten schon seit Monaten auf eine überfällige Beförderung und haben auch sehr viel dafür getan. Auf diese Beförderung, zugunsten unseres Kollegen zu verzichten, der gerade ein kleines Kind bekommen hat und auf das zusätzliche Geld angewiesen ist, ist Bescheidenheit. Auch jemandem zu helfen und eine uns zugedachte Aufmerksamkeit zurückzuweisen, ist Bescheidenheit.
Nun gut, das erste Beispiel ist ein sehr extremes, aber wenn wir in solch eine Situation kommen und auf die Beförderung verzichten, dann haben wir nicht nur Bescheidenheit demonstriert, sondern wir haben sehr viele Pluspunkte ge-

sammelt. Diese Pluspunkte werden uns, vor dem Tribunal weiterhelfen. Niemand hat gesagt, das es leicht ist ein guter Mensch zu sein, aber gerade wir sollten mit gutem Beispiel vorangehen.

Demut

In der obigen Tabelle, steht hinter der Tugend Demut „sich Gott und seiner Macht unterwerfen". Wir müssen akzeptieren, dass wir Menschen zwar einen scheinbar freien Willen haben, aber es gibt noch jemanden, der höher und mächtiger ist als wir. Wenn wir die Allmacht Gottes nicht akzeptieren, dann sind wir verloren. Wir werden niemals aus dem ewigen Kreis der Wiedergeburt ausbrechen und wir werden niemals wieder ein Teil der Gemeinschaft der Engel, was für jeden Tenshi das höchste Ziel ist. Gott ist der Herrscher und wir nur die Gefolgschaft. Wir müssen das tun, was Gott will und nicht das, was wir wollen.

Wir müssen lernen, dass es falsch ist, uns als Krone der Schöpfung hinzustellen, denn das sind wir nicht. Die Krone der Schöpfung ist Gott selbst und das werden wir nie erreichen. Wir sind da, um ihm zu dienen. Demut ist vollkommene Unterwerfung.

Achtung

Achtung kann man auch als Anerkennung oder Ansehen bezeichnen. Achtung bzw. Anerkennung, müssen wir vor Menschen, Tieren, der Natur, dem Leben und vor der gesamten Schöpfung Gottes haben. Achtung zu haben vor

Menschen, Tieren und der Natur bedeutet, das wir Menschen weder verletzen noch töten, Tiere nicht quälen und ohne wichtigen Grund töten und die Natur nach Möglichkeit nicht zerstören. Was für den Menschen und die Natur als mittlerweile selbstverständlich angesehen wird, gilt für Tiere leider nicht. Tiere gelten im Gesetz immer noch als Sache und werden damit juristisch von der Schöpfung Gottes ausgenommen. Ein Tier zu quälen, um es für Tierversuche zu benutzen oder um es zu Schächten, ist eine definitive Missachtung der Schöpfung! Achtung vor dem Leben, ist etwas, das man in keinem Land der Welt beobachten kann. Dies ist leider eine traurige Tatsache. Jeden Tag sterben tausende Menschen wegen irgendwelchen schwachsinnigen Kriegen oder Streitigkeiten. Wichtige Hilfslieferungen dürfen nicht ausgeliefert werden, weil sich irgendjemand als Herr über Leben und Tod aufspielt. Wenn schon der Rest der Welt und so manche Religion keine Achtung vor dem Leben haben, dann sollten wir es zumindest tun. Wir sollten das tun, was schon immer unsere Aufgabe war, nämlich Menschen, Tiere, die Natur und die Schöpfung Gottes achten und bewahren.

Barmherzigkeit
Barmherzigkeit wird auch gerne als Engelsgüte bezeichnet. Eine Eigenschaft also, die man normalerweise nur Engeln zugesteht. Barmherzigkeit wird bei uns mit Nächstenliebe und Mildtätigkeit definiert. Jemandem zu helfen, egal ob in Not oder nicht, ist Nächstenliebe. Soziales Denken und Handeln ist auch eine Form der Nächstenliebe. Das Wort

Mildtätigkeit wird immer wieder gerne im Bezug auf Spenden genutzt. Aber wir verstehen darunter, etwas Selbstloses und Uneigennütziges zu tun. Sich ehrenamtlich zu engagieren ist zum Beispiel etwas Selbstloses und uneigennütziges, egal ob in einem Verein, einer Hilfsorganisation oder in einem Seniorenheim.

Wissensstärke
Diese Tugend, würde in anderen Religionen als „Glaubensstärke" bezeichnet werden. Doch wir müssen hier stark differenzieren. Während andere Religionen „glauben", das ihre Schriften und all das worauf sie ihr Dasein stützen wahr ist, „wissen" wir Tenshi, das unsere Religion die Wahrheit ist. Deshalb steht auch in der Tabelle „bedingungslose Gewissheit das Gott existiert". Als wir vor etwas mehr als 200.000 Jahren auf diese Erde verbannt wurden, waren es Erwachsene Menschen, in die wir gesteckt wurden. Das gesamte Wissen des Himmels, das ganze Wissen um Gott, all das war noch frisch in unserer Erinnerung. So waren wir damals in der Lage, dieses Wissen weiter zu geben, von Generation zu Generation. Wenn ein Mensch geboren wird, dann wird der Engel in den Körper eines Säuglings gesteckt. Dieser Körper kann sich aber nicht sprachlich ausdrücken und bis das Kind herangewachsen ist, so dass es Sprechen kann, ist dieses Wissen von der Identität und der Persönlichkeit des Wirtskörpers verdrängt worden. Es wurde zum Glück nicht vergessen, sondern lediglich verdrängt. Wir können dieses Wissen wieder hervorholen, wie das geht, steht weiter hinten in diesem Buch.

Diese Gewissheit, hat in den letzten Jahrtausenden, schon so manchen Tenshi das Leben gekostet. So sind Fälle bekannt, in denen Tenshi während der Spanischen Inquisition Hingerichtet wurden, weil sie Wissensstärke bewiesen haben oder sie wurden im Mittelalter als Hexen oder Ketzer auf dem Scheiterhaufen verbrannt. Die letzte Hinrichtung eines Tenshi gab es Anfangs des letzten Jahrhunderts. Ein junger Mann wurde damals gesteinigt, weil er sich vom Islam abkehrte und das Wissen in sich selbst entdeckt hat.
Gerade in der heutigen Zeit, in der bestimmte Religionen immer brutaler und gewalttätiger die Menschen zur Konversion drängen, ist die Wissensstärke aller Tenshi gefragt. Doch es hat sich in den ganzen 200.000 Jahren gezeigt, dass derjenige der einmal zur Gemeinschaft der Gefallenen gehörte, sich nie mehr davon abgewendet hat. Warum sollte auch jemand der die Wahrheit kennt, sich zur Lüge bekennen.

Loyalität
An dieser Stelle, möchte ich jedem noch einmal ins Gedächtnis rufen, das es sich hierbei um die 21 Engelstugenden handelt. Also die Tugenden, an die sich alle Engel halten müssen und somit auch wir Tenshi. Viele wird es jetzt wundern, warum von Engeln Loyalität gefordert wird. Doch in der Tat können Engel alles andere als Loyal sein. Leider wurde für Außenstehende, das Bild der Engel von der jüdisch-christlichen und teilweise auch islamischen Glaubensstruktur, die von Medien, Kaufleuten und Dekoartikel-Herstellern ausgenutzt wird, vollkommen ver-

fälscht. Viele haben, bei dem Thema Engel, das Bild von niedlichen, kleinen Kindern in weißen Gewändern im Kopf, die auf einer weißen Wolke sitzen, Harfe spielen und nichts anderes zu tun haben, als Gott anzubeten oder den Menschen zu dienen, indem sie sie beschützen.

Doch so ist es nur teilweise. Engel können durchaus sehr Stur sein, wenn ihnen etwas nicht passt. Sie hinterfragen auch gerne mal Entscheidungen. Deshalb sitzen wir ja alle in dieser Misere. Engel haben einen freien Willen und denken manchmal gar nicht daran, zu arbeiten oder Gott zu gehorchen. Viel lieber gehen sie Tagträumen nach oder Spielen zusammen. Sie sind vom Wesen her wirklich wie kleine Kinder. Vielleicht werden deshalb die Engel meistens als Kinder dargestellt. Aus diesem Grund wird in den 21 Engelstugenden die Loyalität gefordert. Engel müssen sich Loyal gegenüber Gott und der Gemeinschaft der Engel verhalten. Bei uns Tenshi kommt aber noch die Loyalität gegenüber der Gemeinschaft der Gefallenen hinzu. Da die Gemeinschaft der Gefallenen, die Variante der Gemeinschaft der Engel für uns „Gefallene" darstellt, müssen wir uns deshalb auch dieser Gemeinschaft gegenüber Loyal verhalten. Aber ein wahrer Tenshi, macht dies sowieso.

Ehrlichkeit

Zu dieser Tugend, wäre es kein Problem zehn oder zwanzig Seiten und mehr zu schreiben. Aber die kurzen Beispiele in der Tabelle oben, sagen über die Bedeutung dieser Tugend, doch schon sehr viel aus. „Gott, den Menschen und sich selbst gegenüber" heißt es da. Es sollte selbstverständlich sein, das man Gott gegenüber ehrlich ist. Eine Lüge würde ihm gegenüber auch nichts bringen. Menschen jedoch, lügen wir regelmäßig an. Manche nennen es auch Ausrede.

„Ich bin zu spät zur Arbeit gekommen, weil ich im Stau stand."
Eine beliebte Ausrede, aber wer will auch seinem Chef gegenüber zugeben, das er verschlafen hat. Trotzdem bleibt es eine Lüge. Sobald wir etwas erfinden, um unseren Kopf aus der Schlinge zu ziehen, ist es eine Lüge. Besser ist es dagegen, das man einen Fehler oder ein falsches Verhalten zugibt und seine Strafe dafür mit Fassung trägt.

Etwas anderes hingegen ist es, wenn wir Lügen um einen anderen Menschen nicht zu verletzen. *„Du Schatz, bin ich dicker geworden?"*, wer kennt diesen Satz nicht von seinem Partner. Wenn wir dem Partner sagen würden, dass er oder sie zugenommen hat, dann würden wir ihn wahrscheinlich sehr verletzen. Ein klares, *„Nein, du bist immer noch so schlank wie früher."*, wäre zwar gelogen, wenn es nicht zutrifft, aber man hat den Partner nicht damit verletzt. Somit muss man abwägen, ob man bewusst lügt oder nicht. Das Tribunal im Himmel, macht da ganz klare Unterschiede. Eine richtige Lüge, bringt euch das verderben, aber eine Notlüge die Gerechtfertigt ist, kann euch sogar Pluspunkte bringen.

Enthaltsamkeit
Unter Enthaltsamkeit verstehen wir Tenshi, dass wir uns von dem fernhalten, was uns schadet. Darunter fallen Alkohol, Zigaretten und Drogen, aber auch sonstige Dinge

die Schaden anrichten. Ein Beispiel wäre das, bei der Tugend „Reinheit", genannte anschauen von Horror- oder Gewaltverherrlichenden Filmen. Alkohol ist lediglich für die Priester verboten und eine Zuwiderhandlung wird mit dem Verlust des Priesteramtes bestraft. Für alle anderen, ist Alkohol in geringen Mengen erlaubt. Aber wir sollten generell auf Alkohol verzichten, die Engel müssen es auch. Leider gilt aber immer noch die landläufige Meinung, dass man nur im betrunkenen Zustand Spaß haben kann.
Von Zigaretten und Tabakwaren, sollten wir auch Abstand nehmen. Zum einen ist es mehr als Ungesund und zum anderen wäre es eine Untugend, die gleich drei Tugenden betrifft. Es wäre gegen die Enthaltsamkeit, sowie gegen die Tugend Reinheit, weil wir damit unseren Körper verschmutzen und schließlich, wäre es gegen die Tugend Achtung, da man sich damit bewusst krank macht und dies gegen die Achtung vor dem Leben ist. Bei Drogen, betrifft es genau dieselben Tugenden wie bei Zigaretten und Tabakwaren. Außerdem machen Drogen, genau wie Alkohol, abhängig und man fängt sich tödliche Krankheiten ein. Drogen sind darüberhinaus bei den Tenshi verboten, mehr dazu im Kapitel „Gebote und Verbote".

Keuschheit
Hier möchte ich mich Kurzfassen, da fast alles was zu dieser Tugend gehört, auch unter die „Gebote und Verbote" fällt.
Anders als es uns Kinder- und Jugendzeitschriften, Medien und sonstige Verblender weiß machen wollen, muss man

nicht zwingend mit spätestens vierzehn Jahren das "Erstemal" erlebt haben. Eine Frau und ein Mann, sollten jungfräulich in die Ehe gehen. Ein kurzes Zitat bringt es sehr treffend auf den Punkt. *„Wenn du ihn oder sie nicht heiraten willst, dann schlafe auch nicht mit ihm oder ihr!"*. Doch gerade Jugendliche, die keinen Sex haben wollen oder aus religiösen Gründen keinen Sex haben dürfen, gelten für viele „Experten" als abnormal und in ihrer Entwicklung gestört. Zum Glück bekommen diese, meist selbsternannte Experten und ehemalige 68er aus Hippiekommunen, in letzter Zeit massiven Gegenwind von Jugendbewegungen die Keuschheit als oberstes Gut ansehen.
Unter die Tugend Keuschheit, fallen aber auch Pornographie und Prostitution. Pornographie sollten wir uns nicht ansehen oder darin mitwirken. Wie beim Thema Drogen, weiter oben, verstößt dies auch wieder gegen mehrere Tugenden. Von den Verboten und Sünden mal ganz abgesehen. Auch sollten wir nicht zu Prostituierten gehen oder uns in dieser Branche beruflich oder privat betätigen.

Genügsamkeit
In der heutigen Zeit, ist es für viele Menschen sehr wichtig, materiellen und finanziellen Reichtum anzuhäufen. Sie investieren ihr Geld in Anlagekonzepte oder spekulieren an der Börse. Sie feiern ausschweifende Partys und belächeln jene, die Tag und Nacht arbeiten müssen, ja sogar mehrere Jobs annehmen müssen, um ihre Familie zu ernähren. Ja, sie schimpfen sogar über die Ärmsten, die aufgrund ihres Alters oder einer Erkrankung keine Arbeit mehr bekom-

men, weil sie ja doch nur zu faul sind um zu arbeiten. Dabei haben gerade diese „Bessergestellten", noch nie in ihrem Leben gearbeitet. Sie hatten eben das „Glück", in der richtigen Familie geboren worden zu sein.

Doch die Familie, deren Vater für eine Zeitarbeitsfirma arbeitet und einen Knochenjob ausübt und deren Mutter zwei oder drei Putzstellen hat, ist glücklicher als jede Familie, die mit einem goldenen Löffel im Mund geboren wurde. Denn gerade diese „armen" Familien, sind mit dem zufrieden was sie haben. Ja, sie wollen sogar ihr Glück mit anderen Teilen und geben den Ärmsten das was sie entbehren können oder arbeiten, in ihrer sowieso schon knappen Freizeit, ehrenamtlich, um anderen Menschen zu helfen.

Die Menschen „1. Klasse" dagegen, veranstalten hin und wieder Charity Partys, um ihr Gewissen zu beruhigen. Doch sie werden ihren Lohn dafür erhalten. Sie werden gewiss nicht im Himmel bleiben dürfen und ihr nächstes Leben, wird geprägt sein von Armut und Obdachlosigkeit. Die Engel, die leider in diesen Menschen stecken, haben das nicht verdient. Sie müssen erneut ein Leben lang ausharren und auf dieser Erde zubringen, die für uns eine Hölle ist.

Die arme Familie aber, die ich schon oben beschrieben habe, hat sehr gute Chancen im Himmel zu bleiben. Diese Engel sind glücklich, denn sie haben ein gutes Leben erwischt. Deshalb, seid alle mit dem zufrieden was ihr habt und wenn jemand weniger hat als ihr, dann gebt ihm soviel, das er genauso viel hat wie ihr. Wenn ihr glücklich seid, dann gebt einem anderen von eurem Glück ab und ihr werdet nicht nur neue Freunde gewinnen, sondern auch viele Pluspunkte in eurem Buch sammeln.

Treue
Die Treue ist eine der Tugenden, gegen die man sehr leicht verstoßen kann. Es steht oben in der Tabelle als Gedächtnisstütze „Gott, der Gemeinschaft, dem Partner gegenüber, kein Fremdgehen".
Mit der Treue zu Gott, ist das so eine Sache. Manche Menschen, die keinen festen Glauben haben, sind Gott treu, solange es ihnen gut geht. Aber wenn es ihnen schlecht geht, dann verlieren sie diese Treue ganz schnell. Wenn wir Gott treu sein wollen, dann sollten wir uns an die beiden Pflichtgebete halten, versuchen ein Tugendhaftes und Sündenfreies Leben zu führen und ihm stets loyal gegenüber zu sein. Mit der Treue zur Gemeinschaft, ist sowohl die Gemeinschaft der Engel gemeint, als auch die Gemeinschaft der Gefallenen. Bisher ist noch niemand aus dieser Gemeinschaft ausgetreten, obwohl das jederzeit möglich ist. Die Treue zur Gemeinschaft, ist demnach ungebrochen.
Mit der Treue zum Partner allerdings, nehmen es viele Menschen nicht so genau. Manche Männer und Frauen meinen, sie müssten alles ins Bett kriegen, was bei drei nicht auf den Bäumen ist. Dabei ist es ihnen vollkommen egal, ob zu Hause ein fester Partner sitzt und auf sie wartet. Was sie damit dem Partner antun, interessiert sie einfach nicht. Dabei ist die Treue, sowie das Vertrauen, in einer Partnerschaft, doch genau das, was eine Partnerschaft

ausmacht. Wer seinen Partner nicht aufrichtig liebt, der kann auch nicht treu sein. Nur wahre Liebe, verhindert das Fremdgehen.

Mut und Tapferkeit
Mut und Tapferkeit, sind zwei verschiedene Tugenden und doch gehören sie zusammen. Ohne Mut keine Tapferkeit und umgekehrt. Deshalb schreibe ich nur einen Text für beide Tugenden. Mut und Tapferkeit, stehen bei den 21 Engelstugenden ganz am Schluss und trotzdem sind sie die wichtigsten.
Habt den Mut und tretet jemandem entgegen, der euch angegriffen hat. Den Mut zu haben, um zu kämpfen und sich zu verteidigen, kann vieles bedeuten. Wenn jemand eure Hilfe braucht, dann zögert nicht, sondern steht ihm mutig zur Seite und kämpft für ihn und seine Rechte. Das gilt auch für euch, wenn euch jemand Unrecht zufügt, dann steht auf und kämpft. Tretet ihnen mutig entgegen und wenn sie einen Schritt zurück machen, dann macht ihr zwei Schritte vor. Das betrifft nicht nur den Nichtkörperlichen Bereich, also z.B. vor Gericht oder bei Problemen mit Behörden, sondern auch den körperlichen Bereich. Wenn ihr auf der Straße seid und jemand greift euch an, dann müsst ihr euch verteidigen können. Auch wenn ihr seht, dass jemand angegriffen wird, dann geht dazwischen und helft ihm. Vollkommen egal wo es ist, ob auf dem Schulhof, eurer Firma oder in aller Öffentlichkeit. Ihr dürft niemals Angst haben, vor niemandem. Das heißt natürlich nicht, dass ihr jemanden angreifen sollt. Nur verteidigen, nicht

angreifen! Vergesst das nie. Am besten lernt ihr eine Kampfsportart, wie z.B. Kung Fu, Karate oder Jiu Jitsu. Dabei lernt man am besten was Mut und Tapferkeit bedeutet und es ist sehr gut für die Fitness.

Tapferkeit bedeutet, dass man eine schwierige Situation, eine Krankheit oder eine schwere Aufgabe, tapfer erträgt. Dabei kommt auch wieder Mut zum tragen. Viele Menschen haben nicht den Mut, eine schwierige Situation, eine Krankheit oder eine schwere Aufgabe zu ertragen. Einige flüchten sich in Drogen oder Alkohol, andere laufen ihren Problemen davon und im schlimmsten Fall, nehmen sie sich das Leben. Diese Menschen haben nie gelernt, mutig oder tapfer zu sein. Alles was uns passiert oder zustößt, passiert, weil es uns vorherbestimmt ist. Viele wollen das nicht wahrhaben und bringen sich immer tiefer ins Verderben. Gehört nicht zu diesen Menschen, sondern seid wahre Tenshi und seid tapfer und mutig.

Gebote und Verbote

Alle Gebote und Verbote leiten sich von den 21 Engelstugenden ab. Darüberhinaus gibt es Gebote und Verbote die erst im Laufe der Zeit entstanden und für alle Tenshi verbindlich sind. Diese Gebote und Verbote gelten seit langer Zeit und behalten ihre Gültigkeit für immer. Für einen Tenshi ist es streng verboten diese Gebote und Verbote zu missachten, eine Wahlmöglichkeit gibt es nicht.

Allgemeine Gebote und Verbote

– Alle Feiertage der Tenshi müssen strikt eingehalten werden. Ausnahmen gibt es nur für diejenigen, die an diesen Tagen arbeiten müssen und keinen Urlaub nehmen konnten. In diesem Fall sind aber die Rituellen bzw. Zeremoniellen Handlungen nachzuholen

– Bei Ritualen und Zeremonien dürfen keine Instrumente verwendet werden, die elektronisch verstärkt sind bzw. darf die Musik nicht elektronisch Verstärkt werden und es dürfen keine elektronischen Instrumente verwendet werden. Darüberhinaus darf keine Musik verwendet werden die den modernen Musikrichtungen angehört wie z.B. Rock, Pop, Rap, Hip-Hop oder Jazz. Solche Musik würde den feierlichen Charakter der Zeremonie zerstören, außerdem wird jeder Raum in dem ein Ritual oder eine Zeremonie stattfindet zu einem Tempel. Dieser Raum gehört dann Gott allein. Solche Musik würde die Zeremonie zu einer Sektenveranstaltung verkommen lassen, denn nur dort wird solche Musik gespielt.

– Es dürfen keine Tiere verspeist werden die geopfert wurden, über die der Name eines anderen Gottes ausgesprochen wurde und es sind Tiere verboten die geschächtet wurden. So genannte „Halal"-Zertifizierte Speisen sind damit absolut verboten. *(Achtet auf die Verpackung, ist dort ein „Halal" Symbol oder das „Koscher" Zeichen abgebildet, ist diese Nahrung verboten. Einer der größten „Halal"-Zertifizierten Hersteller von Lebensmitteln, ist die Firma „Wiesenhof". Anm. des Autors)*

– Eines der wichtigsten Verbote ist das Missionierungsverbot. Kein Tenshi darf einem anderen Menschen unsere Religion aufzwingen, aufdrängen oder ihn in irgendeiner Weise zur Konversion verleiten. Das Zuwenden zu Tenshi, der eigentlichen Religion der Menschen, muss allein durch innere Einsicht oder durch den Willen Gottes geschehen. Ein Tenshi darf nur Auskunft über seine Religion geben, wenn er danach gefragt wird. Dann allerdings in einer neutralen Weise, ohne Verherrlichung und ohne dem Auslassen von vielleicht unliebsamen Themen.

– Ein Tenshi darf sich nicht politisch betätigen. Er darf kein politisches Amt annehmen oder ausführen. Er darf nicht Mitglied einer Partei werden oder sein. Die Politik ist das größte Übel der Menschheit. In ihrem Auftrag werden Kriege geführt, Menschen unterdrückt, getötet, gefoltert oder ausspioniert. Ein einmischen der Politik in die Religion oder den Angelegenheiten der Tenshi muss rigoros verhindert werden. Religionen werden von der Politik als Spielball benutzt um Macht auszuüben, dies darf mit der Religion der Tenshi nicht passieren. Parteien wie die „Christlich Demokratische Union" oder die „Christlich Soziale Union", tragen den Namen ihrer

Religion bereits im Namen der Partei. Solche Politiker werden niemals nach ihrem Gewissen handeln oder nach dem Willen Gottes. Sie werden immer nach dem Willen der Religion oder deren Vertreter handeln.

– Tenshi dürfen nicht an Demonstrationen teilnehmen oder diese organisieren, egal wie Edel ihre Motive auch sein mögen. Demonstrationen sorgen immer für Gewalt. Es werden Menschen verletzt oder gar getötet. Ein Tenshi darf daran niemals beteiligt sein. Wenn es Probleme gibt, haben wir eine viel höhere und mächtigere Stelle an die wir uns wenden können. Hilfe wird von dort kommen. Außerdem sind Demonstrationen immer politischer Natur und eine Teilnahme würde mit dem Politikverbot kollidieren.

– Ein Tenshi ist verpflichtet einer Arbeit nachzugehen um seinen Lebensunterhalt zu finanzieren, auch wenn die Arbeit nur wenig Geld einbringt oder es sich um eine Arbeit handelt die man nicht gerne macht. Nichtstun und Faulheit wird von Gott nicht toleriert.

- Einem Tenshi ist es verboten Organe zu spenden oder Spenderorgane anzunehmen.

Zu diesem Punkt gibt es folgende Anmerkung:
Wenn wir sterben, verlassen wir unseren Körper und wir dürfen nicht daran gehindert werden. Wenn wir einer Organspende zustimmen würden, dann würde unser Körper künstlich am Leben erhalten und das obwohl wir eigentlich schon Tod sind. Dies bedeutet für den Engel in uns, dass er sehr große Qualen erleiden wird. Wir die wir um die Geheimnisse des Himmels wissen, dürfen das nicht zulassen! Es ist eine menschenunwürdige Schweinerei, wie eine Organentnahme vorgenommen wird. Wenn ein Mensch einen Unfall erleidet und nur eine geringe Überlebenschance hat, dann sind die Rettungsdienste angehalten die Organspendebereitschaft zu überprüfen. Wenn eine Spendenbereitschaft besteht, dann wird diese Person sofort in eine Klinik gebracht. Es gab sogar schon Berichte darüber, dass das Rettungspersonal keinerlei Rettungsversuche unternommen hat, weil die verunfallte Person Organspender war. Jedenfalls haben Organspender komischerweise eine geringere Überlebenschance als Nicht-Organspender. Wenn das Unfallopfer in der Klinik angekommen ist, wird es in eine Art Abstellraum gebracht und dort künstlich am Leben gehalten. Der Körper wird geöffnet und aus allen möglichen Ländern kommen Ärzteteams, die den Körper wie ein Ersatzteillager ausweiden. Erst danach werden die Geräte abgestellt und der Engel kann endlich den Körper verlassen, nachdem er unerträgliche Qualen erlitten hat.

Für diese „Organjäger" ist der Mensch nichts wert. Diese Ärzte haben keinerlei Achtung vor dem Leben. Wenn ein Mensch an einer Krankheit leidet die die Organe angreift, von Geburt an mit einer Organerkrankung leben muss oder urplötzlich eine Organtransplantation braucht, dann ist dies so gewollt. Kein Mensch darf sein Leben verlängern. Dies ist gegen Gottes Willen! Wenn Gott einen Engel zu sich ruft, dann hat er dafür viele Möglichkeiten, eine davon ist eine Organerkrankung. Wenn er diesen Engel bei sich haben will, dann wird auch eine Transplantation nichts daran ändern. Entweder Gott lässt diese Person bei der OP sterben oder danach, meistens nach einer sehr langen Leidenszeit.

Denken Sie immer an die folgenden Regeln:

Es ist verboten Organe zu spenden oder Organe zu empfangen, die Gründe dafür haben Sie ja eben gelesen.

Es ist verboten sein Leben künstlich zu verlängern, dies schließt die künstliche Lebenserhaltung durch Maschinen ein. Wir dürfen unserem Engel keinerlei Qualen zufügen.

Aber wir dürfen Blut spenden und empfangen, denn dies ist weder gegen Gottes Gesetze, noch ist es eine Qual für unseren Engel.

Es gibt aber auch Tenshi, die sich nicht an diese Regeln halten oder meinen sich nicht daran halten zu müssen. Bedenkt jedoch, es wird für diese Tenshi keine Bestattungszeremonie nach dem Tod geben und ihr werdet wieder auf diese Erde geschickt. Denn ein Verbleib im Himmel, ist dann nicht möglich.

Gebote und Verbote nach den Tugenden

Hingebung

– Ein Tenshi ergibt sich vollkommen der Allmacht Gottes. Es ist das größte Zeichen von Liebe das wir Gott geben können. Er steht an erster Stelle.

– Alles was ein Tenshi tut, soll er mit derselben Hingabe verrichten, die er auch Gott entgegenbringt.

– Wenn ein Tenshi verheiratet ist, so soll er auch seinem Partner diese Hingabe schenken

– Hingabe soll ein Tenshi auch den Gemeinschaften schenken und für sie einstehen.

Ehrfurcht

– Ein Tenshi soll ehrfürchtig sein vor Gott und der Gemeinschaft der Engel.

– Ein Tenshi ist ehrfürchtig vor älteren Menschen. Er achtet seine Eltern und seine Lehrer. Er bringt diese Ehrfurcht auch der gesamten Schöpfung Gottes entgegen. Jedem Mensch, jedem Tier und jeder Pflanze.

Reinheit

- Für einen Tenshi ist jede Form von „Körperkult" verboten, dies schließt Tätowierungen, Piercings und auch das Branding mit ein. Ohrringe für Frauen fallen nicht unter dieses Verbot.

- Ein Tenshi achtet auf die Reinheit des Körpers, der Gedanken und er achtet besonders die Rituelle Reinheit. Eine Missachtung ist eine Beleidigung Gottes.

- Es ist verboten Schönheitsoperationen ohne wichtigen Grund durchführen zu lassen. Außer es handelt sich um plastische Operationen nach schweren Unfällen. Eine Schönheitsoperation nur um sich die Falten glätten zu lassen oder um sich größere Brüste erstellen zu lassen ist verboten.

- Es ist einem Tenshi Mann verboten sich am Penis beschneiden zu lassen, egal aus welchem Grund. Der Körper ist uns von Gott gegeben worden mit allem was daran ist und er ist perfekt. Dieses Geschenk darf nicht mit Füssen getreten werden.

Friedfertigkeit

- Ein Tenshi tritt allen Menschen und Tieren friedfertig gegenüber. Er darf keine Gewalt aus purer Lust heraus anwenden.

- Ein Tenshi darf sich verteidigen wenn er angegriffen wird, aber nur bis die Gefahr vorüber ist.

Vergebung

- Egal wie schwer ein Tenshi verletzt wurde, ob psychisch oder physisch, er hat der anderen Person zu vergeben. Vergebung ist etwas das einen Engel ausmacht.

Anstand

- Ein Tenshi hat seinem Kind Anstand und Sittsamkeit beizubringen.

- Ein Tenshi sollte immer tugendhaft und züchtig bekleidet sein. Verboten sind Hotpants, Miniröcke und bauchfreie Bekleidung. *(In früheren Zeiten waren auch kurze Hosen verboten. Anm. des Autors)*

– Einem Tenshi ist es verboten in gemischte Saunas zu gehen oder sich an Orten aufzuhalten an denen FKK praktiziert wird. Haltet euch von Orten fern die eure Triebe außer Kontrolle bringen können.

– Eine Tenshi verhält sich stets anständig, züchtig und sittsam.

Achtung

– Jeder Tenshi sollte Achtung vor dem Leben haben, egal um welche Form es sich handelt. Menschen, Tiere, Pflanzen all dass gehört zur Schöpfung Gottes und sollte von jedem geachtet werden.

– Einem Tenshi ist der Suizid (Selbstmord) nicht erlaubt. Egal welche Probleme man auch hat, es rechtfertigt keinen Selbstmord. Ein solches Vorgehen ist gegen die Achtung vor dem Leben.

– Kein Tenshi darf ein Tier quälen oder es ohne vernünftigen Grund töten. Tierversuche fallen ebenfalls unter dieses Verbot. Ein vernünftiger Grund zum töten eines Tieres ist es, dieses als Nahrung zu verwenden.

- Keinem Tenshi ist es erlaubt sich rein Vegetarisch oder Vegan zu ernähren. Der Mensch ist aus einem Tier erschaffen worden und von Natur aus ein Allesfresser. Fleisch enthält für den Körper wichtige Vitamine. Kein Fleisch zu essen ist somit schlecht für den Körper, er wird Krank und dies ist gegen die Achtung vor dem Leben.

- Jeder Tenshi ist verpflichtet sich Gesund zu halten um diesen Körper nicht zu gefährden.

- Ein Tenshi darf sich nicht an Kriegs- und Kampfhandlungen beteiligen. Eine berufliche Laufbahn in einer Armee ist somit verboten. Ein Soldat wird immer die Befehle seines Kommandeurs ausführen, also auch töten. Dies ist gegen die Achtung vor dem Leben.

- Ein Tenshi wird die Natur mit all ihren Facetten stets beschützen.

Barmherzigkeit

- Ein Tenshi wird jedem Menschen helfen der ihn darum bittet. Dabei spielt es keine Rolle ob diese Person in Not ist oder nicht. Einem Menschen oder einem Tier zu helfen das in Not ist, ist eine Selbstverständlichkeit der Tenshi. Auch wenn er nicht darum gebeten wird.

– Jeder Tenshi muss etwas Selbstloses und Uneigennütziges vollbringen. Sei es eine Ehrenamtliche Tätigkeit oder regelmäßige Spenden an Tierschutz- oder Hilfsorganisationen. Beachtet dabei aber bitte deren politischen Charakter, denn die Unterstützung einer politischen Hilfsorganisation verstößt gegen das Politikverbot

Loyalität

– Ein Tenshi wird sich immer an die 21 Engelstugenden und an die Gebote und Verbote halten und diesen niemals zuwiderhandeln.

– Jeder Tenshi wird sich stets Loyal gegenüber Gott, der Gemeinschaft der Engel und der Gemeinschaft der Gefallenen verhalten.

Ehrlichkeit

– Ein Tenshi wird niemals Lügen und auch keine Lügen weiterverbreiten.

– Ein Tenshi wird sich niemals an Lästereien beteiligen und solche nicht weiterverbreiten.

– Ein Tenshi ist zu allen Menschen und sich selbst immer ehrlich.

Enthaltsamkeit

– Ein Tenshi hält sich von allem fern was ihm schadet und seine Gesundheit beeinträchtigt.

– Für Tenshipriester ist der Alkohol strengstens verboten, da ein Tenshipriester zu jeder Zeit in der Lage sein muss rituelle oder zeremonielle Handlungen auszuführen.

– Für jeden Tenshi ist der Konsum von Drogen jeglicher Art verboten. Drogen zerstören nicht nur den Körper, sondern sie richten auch großen Schaden in unserem persönlichen Umfeld an.

– Tabakwaren sind nicht direkt verboten, jedoch ist der Konsum eine Untugend.

Keuschheit

– Ein Tenshi darf keinen Sexualkontakt vor der Ehe haben.

– Jeder Tenshi muss zum Zeitpunkt der Eheschließung noch Jungfrau sein.

– Ein Zusammenleben von unverheirateten Männern und Frauen ist gestattet, sofern sie keinen Sexualkontakt untereinander haben. Ansonsten ist eine Ehe verpflichtend. Dabei spielt es keine Rolle ob die Paare Hetero- oder Homosexuell sind. *(Gleichgeschlechtliche Ehen sind bei den Tenshi kein Problem, da auch ein weiblicher Engel in einem männlichen Körper stecken kann und umgekehrt. Anm. des Autors)*

– Die Keuschheit und Reinheit eines Kindes ist unantastbar. Kinder dürfen nicht sexualisiert werden.

– Einem Tenshi ist es verboten sich Pornographie anzusehen oder darin mitzuwirken, egal in welcher Form.

– Einem Tenshi ist es verboten sich zu prostituieren oder zu Prostituierten zu gehen. Diese Form ist reines Geschäft und keine echt Liebe.

– Ein Tenshi sollte Verhüten wenn er keine Kinder zeugen möchte oder er aufgrund seiner finanziellen Situation keine Kinder ernähren kann.

Genügsamkeit

- Es ist einem Tenshi untersagt großen Reichtum anzuhäufen. Jeder Tenshi sollte zwar in Armut aber nicht in völliger Armut leben. Damit ist gemeint dass maximal ein Einfamilienhaus erlaubt ist, aber keine Villen und Schlösser.

Treue

- Für jeden Tenshi sind die beiden Pflichtgebete am Tag ein absolutes muss. Nur so können wir Gott unsere Treue beweisen.

- Einem Tenshi ist es verboten seinem Partner untreu zu sein. Fremdgehen ist eine der größten Sünden.

Mut und Tapferkeit

- Jeder Tenshi sollte seinen Kindern Mut und Tapferkeit beibringen.

- Jeder Tenshi muss sich und andere Menschen und Tiere jederzeit beschützen und verteidigen können. Daher sollte jeder Tenshi eine Kampfsportart seiner Wahl erlernen. *(Früher hieß es „eine Kampfes-*

art". Dieses Gebot wurde nach der großen Verfolgung eingeführt. Anm. des Autors)

– Ein Tenshi darf nur verteidigen und niemals zuerst angreifen.

– Ein Tenshi muss schwere Krankheiten, schwierige Situationen und Aufgaben immer mutig und tapfer ertragen.

Anmerkung:

Hier wurden nur die Tugenden aufgeführt, für die es auch Gebote und Verbote gibt. Bei den nicht aufgeführten Tugenden, entnehmen Sie bitte den Text aus dem Kapitel *„Die 21 Engelstugenden"*.

Tage zum Feiern und Besinnen

Auch bei uns Tenshi gibt es besondere Tage, die zum Feiern oder zur Besinnung dienen. Früher hatten wir noch eine eigene Zeitrechnung, die heute nur noch von wenigen verwendet wird. Mit der Einführung des Gregorianischen Kalenders, gab es nun neue Termine für diese Tage. Selbst nach unserer Zeitrechnung lagen unsere Feiertage und Feste, an den gleichen Tagen wie heute, jedoch ist nun das Datum anders. Im Gegensatz zu vielen anderen Religionen, deren Feiertage mehr oder weniger beweglich sind, müssen unsere Feiertage immer an den gleichen Tagen stattfinden und zwar unabhängig von Schaltjahren. Dies wurde zu einem Problem, da das Jahr entweder 365 oder 366 Tage hat. Das unsere Feiertage immer an den gleichen Tagen, unabhängig vom Datum, stattfinden müssen, hat einen guten Grund. Bei unseren Feiertagen spielt nämlich der Himmel eine entscheidende Rolle. Daher gibt es immer zwei Termine, einen der nur an Schaltjahren gilt und einen für normale Jahre. Diese Regelung betrifft aber nur die Feiertage nach dem 28/29. Februar, da ja der 29. Februar dazwischen geschaltet wird.

Das Jahresfest am 01. Januar

Das Jahresfest ist der erste Feiertag, den wir Tenshi im Jahr begehen. Am Jahresfest öffnet Gott uns Gefallenen den Himmel, damit wir sehen was wir verloren haben und um uns einen Impuls zu geben um unser Leben noch Tugendhafter und Sündenfreier zu gestalten. Dieser Tag ist für uns zur Buße und Besinnung gedacht. Wir entschuldigen uns bei unseren Mitmenschen für Dinge die wir getan oder unterlassen haben. Aber auch für Dinge die wir vielleicht gesagt haben und die andere Menschen verletzt haben. All die unschönen Dinge die wir gedacht haben, können wir nur im Gebet büßen und bereuen. An diesem Tag legen wir unsere Arbeit nieder und erledigen nur Dinge die unbedingt gemacht werden müssen, wie zum Beispiel Essen kochen oder den Ofen anheizen, um genügend Zeit zur Buße zu haben. Früher war es sogar üblich, dass man an diesem Tag nur trockenes Brot aß und Wasser trank, um die Buße noch zu unterstützen. Dies wird aber seit fast 400 Jahren nicht mehr praktiziert.
Das besondere an diesem Tag ist die Öffnung des Himmels. Die Öffnung findet immer in der Nacht vom 31. Dezember auf den 01. Januar statt und zwar im Zeitraum von ca. 2:00 Uhr bis ca. 4:00 Uhr MEZ. Die genaue Uhrzeit variiert von Jahr zu Jahr und muss für jedes Jahr neu berechnet werden. Die Berechnung ist kompliziert und hängt mit der Sonnenuntergangszeit und der Sonnenaufgangszeit zusammen. Dabei ist die Berechnung auch nicht zu einhundert Prozent genau. Abweichungen von bis zu +/- 20 Minuten sind

durchaus drin. Daher wird der genaue Zeitpunkt nicht mehr berechnet. Außerdem hat es sich mittlerweile so eingebürgert, dass die Tenshi diese Wartezeit mit Beten oder dem Gespräch mit anderen Tenshi verbringen.

Alle Tenshi gehen zu dem genannten Zeitpunkt an einen Ort, von dem sie den Himmel frei beobachten können. Meistens außerhalb von Städten und Dörfern, vorwiegend auf einen Hügel oder Berg. Dort warten sie auf den Moment der Himmelsöffnung. Bei klarem Wetter, kann man diese Öffnung durchaus beobachten oder zumindest hören. Die Tenshi schließen ihre Augen und lauschen auf die Klänge des Himmels. Klänge die von unseren Brüdern und Schwestern im Himmel verursacht werden. Die einen hören Musik und andere können sogar die Stimmen der Gemeinschaft der Engel hören. Vielfach kann man auch einen goldenen Schimmer am Himmel erkennen. Dies sind die Wünsche, Hoffnungen und Gedanken der Menschen, die in dieser Nacht an den Himmel übermittelt werden.

Nach der Öffnung betet jeder ein persönliches Gebet, das mal kurz aber auch mal sehr lang sein kann. Bei Sonnenaufgang kehren dann alle wieder nach Hause zurück und ruhen sich erstmal aus. Viele beginnen diesen Tag mit einem ausgiebigen Frühstück mit der ganzen Familie. Denn sind wir mal ehrlich, wann hat man schon die Zeit dazu. Danach beginnt die Zeit der Buße, bis in der Nacht der Himmel wieder geschlossen wird. Während des ganzen Tages dürfen die Engel des Himmels auf der Erde wandeln. Wenn sie auf einen Menschen im Gebet treffen, dann gesellen sie sich zu ihm und beten mit ihm. Sie helfen die

Gebete der Menschen an den Himmel zu übermitteln und helfen uns bei der Buße.
Das Jahresfest endet mit der Schließung des Himmels gegen ca. 23:00 Uhr MEZ am 01. Januar. Einige gehen zu dieser Zeit wieder ins Freie, andere bleiben in ihren Häusern, aber alle beten zur dieser Zeit das gleiche Gebet. Das Gebet des Friedens und der Hoffnung.

Bekenntnistag am 17. Mai (18. Mai in Schaltjahren)

Der Bekenntnistag ist ein wahrer Grund zum Feiern, denn an diesem Tag legen alle Tenshikinder, die das zwölfte Lebensjahr vollendet haben, ihre Bekenntniszeremonie ab. Dieser Tag ist nur für die Kinder, da Erwachsene zu jeder Zeit die Zeremonie ablegen können.
In früheren Zeiten als es noch Tempel gab, wurde diese Zeremonie in den Tempeln abgehalten. Heute werden dazu zentralere Orte genutzt, wie z.B. Hallen oder Säle, die dann auch zu Tempeln werden. Die Zeremonie jedoch ist immer gleichgeblieben. Am morgen des Bekenntnistages, gehen die Kinder an einen Ort an dem sie ganz alleine sind und sich gut konzentrieren können. Das kann das eigene Zimmer sein, aber auch eine Wiese. Die Kinder müssen mehrere Stunden damit verbringen, sich zu fragen ob sie auch bereit sind alle Regeln der Tenshi einzuhalten oder ob sie jetzt schon wissen dass sie diese oder jene Regel nicht befolgen werden. Sollten sie sich dabei unsicher sein, müssen sie ein weiteres Jahr warten um sich ganz sicher zu sein. Während dieser Besinnungszeit, dürfen die Kinder nicht

gestört werden. Sollten sie die Bekenntniszeremonie ablehnen, so wird ihnen niemand böse sein.

Gegen Mittag, werden die Kinder zu dem Tempel gebracht. Die Erwachsenen dürfen den Tempel nicht betreten. Die Türen des Tempels werden verschlossen und die Kinder verbringen eine ganze Stunde alleine im Tempel. In dieser Zeit müssen sie eine spezielle Meditation durchführen, die der geistigen und rituellen Reinigung dient und absolute Voraussetzung für die Zeremonie ist.

Nach dieser Stunde betritt der Priester als einziger Erwachsener den Tempel und vergewissert sich, ob die Meditation auch durchgeführt wurde. Erst dann dürfen die Eltern und alle anderen den Tempel betreten. Die Kinder ziehen sich derweil in einem Nebenraum, dem „Raum der Stille" *(eine Art Sakristei in der nicht geredet werden darf, Anm. des Autors)*, die weißen Zeremoniegewänder an. Diese langen und weißen Gewänder mit langen und weiten Ärmeln, bestehen aus Leinen oder Baumwolle. Sie sind den Gewändern nachempfunden die auch alle Engel im Himmel tragen und sollen die Reinheit symbolisieren.

Der Priester betritt den Tempelraum und beginnt mit der Zeremonie. Überall im Tempel werden große weiße Kerzen entzündet. Dann ruft der Priester die Kinder zu sich und diese Versammeln sich vor den Stufen, die zum Altar und dem Thron Gottes führen. Der Priester ruft jedes Kind namentlich auf, diese betreten dann den Altarraum und knien sich hin. Der Priester befragt die Kinder ob sie bereit sind das Bekenntnis zu sprechen. Wird diese Frage bejaht, muss das Kind laut und ganz alleine das Bekenntnis sprechen.

Dann legt der Priester beide Hände auf den Kopf des Kindes und flüstert ein Gebet, das für jedes Kind individuell geschrieben wurde. Danach steht das Kind auf und geht mit dem Priester an der Hand einmal um den Altar herum. Der Priester soll das neue Mitglied der Gemeinschaft der Gefallenen auf den ersten Schritten in seinem neuen Leben begleiten. Das Kind kniet vor dem Thron Gottes nieder und spricht ein stummes Gebet. Dann drehen sich der Priester und das Kind zu den Anwesenden um und der Priester ruft die Begrüßungsworte, die von allen Anwesenden erwidert werden. Damit ist das Kind in der Gemeinschaft aufgenommen und darf sich hinsetzen.
Je nach Anzahl der Kinder dauert diese Zeremonie mehrere Stunden. Nachdem der Priester die Zeremonie beendet hat, feiern alle zusammen ein großes Fest. Dieser Tag ist das größte, aufregendste und schönste Erlebnis für ein Tenshikind. Alle Kinder fiebern diesem Tag von klein auf entgegen. Die Erwachsenen und Eltern sorgen schon Wochen im voraus für das Fest und machen es damit zu dem Tag der Tage.

Der Tag des Frevels am 28. August (29. August in Schaltjahren)

Der Tag des Frevels ist ein weiterer Tag der Besinnung. An diesem Tag lehnten sich die Engel gegen Gott und ihresgleichen auf. Es gab schwere Kämpfe mit vielen Verletzten und Toten. *(Nur Engel können Engel töten, ein Mensch ist dazu nicht in der Lage. Dies hat Gott so verfügt nach diesem Krieg.*

Anm. des Autors) Dieser Engelskrieg ging über fünf Tage und brachte nur Verlierer hervor.

An diesem Tag gehen es die Tenshi ruhig an. Sie beten, reden sehr wenig und verharren in stiller Meditation um all der Opfer dieses Krieges zu gedenken. Es werden nur die unbedingt notwendigen Arbeiten erledigt. Alles andere bleibt an diesem Tag liegen. Es ist ein Tag der Trauer.

Der Tag der Verbannung am 19. September (20. September in Schaltjahren)

Der Tag der Verbannung ist achtzehn Tage nach dem Ende des Engelskrieges, denn es dauerte genau achtzehn Tage bis der Himmel und auch die Erde wieder aufgeräumt waren. An diesem Tag verbannte Gott die Engel aus dem Himmel und seit diesem Tag müssen wir hier auf der Erde leben. Aber es ist auch ein Tag der Freude und des Feierns. Denn Gott gab und gibt uns die Möglichkeit unsere Fehler wieder gut zu machen um somit wieder in den Himmel zu kommen.

Deshalb ist der Tag der Verbannung zweigeteilt. Den ganzen Vormittag über beten die Tenshi um Vergebung für den großen Frevel. Doch am Nachmittag um vierzehn Uhr wird dieser Tag zu einem Feiertag. Zu ungefähr dieser Zeit trafen die ersten Menschen auf der Erde ein. Alle Tenshi laden Freunde, Verwandte und andere Tenshi ein. Es gibt eine große Tafel mit Kuchen, Torten und diversen Süßigkeiten. Am Abend gibt es meist ein großes Festessen und die Tenshi lassen diesen Tag ausgelassen ausklingen. Immer in der großen Gewissheit dass sie es eines Tages schaffen werden wieder ein Teil der Gemeinschaft der Engel zu werden.

Tempel

Wie bereits erwähnt wurden unsere Vorfahren von den abgespaltenen neuen Religionen verfolgt. Viele wurden dabei getötet und viele wurden damals als Sklaven gehalten und verkauft. Diese Verfolgung ging über Jahrhunderte, bis unsere Vorfahren sich in den Untergrund begaben und somit zu einer Art Geheimgesellschaft wurden.

In dieser Zeit der Verfolgung wurden restlos alle Tempel der Tenshi vernichtet und zerstört oder wurden zu Kirchen und Tempeln anderer Religionen umgebaut. Heute gibt es auf der Erde keine Tempel der Tenshi mehr. Unsere kleine Weltgemeinde muss sich deshalb in Sporthallen oder kleinen angemieteten Räumen treffen. Einen Tempel nach altem Vorbild zu bauen, können wir uns nicht leisten. Wir sind zu wenige und haben deshalb keine Lobby, wir bekommen keine Tempel von irgendwelchen Regierungen gebaut so wie das bei den Jüdischen und Christlichen Religionen der Fall ist. Wir können und dürfen diese Verfolgung nicht vergessen und wir dürfen den Religionen die unsere Vorfahren vernichtet haben und die heute über allem thronen, niemals verzeihen. Wir dürfen ihnen aber auch keinen Schaden zufügen, denn das wäre wiederum eine Sünde.

In diesem Kapitel möchte ich einen Eindruck vermitteln wie die alten Tempel aufgebaut waren und wie sie aussahen.

Den alten Erzählungen zufolge, die von einem Hohepriester an dessen Nachfolger weitergegeben werden, gab es keine typische Bauform eines Tenshi Tempels. Als wir Engel vor 200.000 Jahren aus dem Himmel verbannt wurden, dürften die ersten Tempel wohl Höhlen oder besondere Felsformationen gewesen sein. Erst als der Mensch sesshaft wurde und Steine bearbeiten konnte, wurden die ersten Tempel errichtet. Dabei waren diese ersten Tempel kleinere Steinbauten die nur als Ritualstätten dienten. Erst nach und nach wurden daraus große und begehbare Tempelanlagen in denen auch Gottesdienste abgehalten wurden und in denen die Priester lebten.

Die erste vollständige Beschreibung eines Tenshi Tempels geht auf das Jahr 6000 v. Chr. zurück. Er muss wohl in der Nähe des heutigen Japan gestanden haben. Leider ist diese Angabe nicht genau überliefert. Es handelte sich damals um eine Art Rundbau, der ca. 80 Meter hoch war und einen Durchmesser von 100 Metern hatte. Der Tempel war nach oben offen, um einen direkten Blick zum Himmel zu haben. Der Innenraum wurde mit Bäumen, Büschen und Gräsern bepflanzt um die Verbundenheit zur Erde darzustellen. In der Mitte des Tempels stand eine Art Altar oder ein größerer Steinblock, der als Ritualtisch benutzt wurde. Bei den Ritualen ging es meistens um Räucherungen oder er wurde zur Aufbahrung der Toten benutzt, Opfergaben kennen wir Tenshi nicht.

Der letzte Tempel den die Tenshi hatten, stammte aus dem Jahr 200 n. Chr. dieser Tempel existierte lediglich 52 Jahre und wurde im Zuge der Verfolgung der Tenshi niedergerissen und niedergebrannt. Es handelte sich auch um einen Rundbau, der allerdings ein Dach besaß und eine kleinere Öffnung über dem Altar hatte, die man nur bei Gottesdiensten öffnete. Die Dimensionen sind nicht überliefert, aber sie dürften weitaus größer gewesen sein als beim ersten Tempel. Von außen war der Tempel mit weißen Steinen verkleidet und der Eingang wurde von zwei großen Säulen getragen. Dahinter betrat man den Vorraum, in dem die Menschen sich die Füße wuschen. Denn den eigentlichen Altarraum durfte man nur Barfuß betreten. Die Menschen warteten im Vorraum, trafen sich mit anderen und tauschten Erfahrungen und Erzählungen aus. Erst als die große Tür zum Altarraum geöffnet wurde, durften die Menschen diesen betreten. Der Altarraum war wie beim ersten Tempel mit Bäumen, Büschen und Gräsern bepflanzt. Ein kleiner Bachlauf durchzog den gesamten Altarraum.

Am anderen Ende des Altarraumes, gegenüber der Eingangstür, befand sich ein großer Thron. Auf diesem Thron sollte sich Gott bei den Zeremonien niederlassen und zuschauen. Der Innenraum des Tempels soll wohl eine detaillierte Abbildung des Himmels und des Thronsaales von Gott gewesen sein. Der Altar stand in der Mitte des Tempels auf einem Sockel der nur vom Priester betreten werden durfte. Unterhalb der Decke befanden sich größere Öffnungen die als Fenster dienten und den Altarraum mit Licht durchfluteten.

Nachdem dieser Tempel abgerissen und niedergebrannt war, entschied sich der damalige Hohepriester dazu unsere Religion nur noch im Geheimen fortbestehen zu lassen und so gingen unsere Vorfahren in den Untergrund. Seit dieser Zeit hat die Tenshi Gemeinschaft nie mehr einen Tempel besessen.

Interessanterweise gibt es in Rom, eine fast genaue Replik eines alten Tenshi Tempels. Dieser Tempel wird als „Castello di Angelo" bezeichnet, was auf Deutsch Engelsburg heißt. Der Römische Kaiser Hadrian (76 – 138 n. Chr.) soll die Engelsburg als Mausoleum gebaut haben. Aber warum baute er einen Tenshi Tempel? War Hadrian vielleicht ein Tenshi? Wer sich einmal in Rom befinden sollte, sollte auf jeden Fall diese Engelsburg besuchen. Sie vermittelt einen Eindruck von dem was wir damals einmal besessen haben. Mittlerweile ist diese Engelsburg das Ziel von Tenshi Pilgern aus aller Welt.

Praxisteil

Die Bekenntniszeremonie der Tenshi

In jeder Religion oder Glaubensrichtung, gibt es Riten die uns zu Mitgliedern der jeweiligen Gemeinde machen. Bei den Christen zum Beispiel ist es die Taufe. Dort wird man mit Wasser übergossen um dazu zu gehören.

Bei uns gibt es einen kleinen Offiziellen Ritus, der aber mehr dazu dient mit dem bisherigen Verhalten aufzuhören und uns von nun an Tugendhaft und Sündenfrei zu verhalten. Denn wir müssen ja nirgendwo Mitglied werden. Tenshi ist die älteste Religion der Welt. Sie gab es schon weit vor der Erschaffung der Erde. Obwohl Religion ist eigentlich falsch. Eine Religion hat etwas mit Glauben zu tun. Doch wir glauben nicht daran, wir Wissen es. Wir sind von Geburt an Engel die in einem Wirtskörper stecken. Vollkommen egal welcher Religion der Körper auch angehört.

Wenn du dich entschieden hast und wenn du bereit bist ein Tenshi mit all seinen Facetten und Regeln anzunehmen, dann führe folgendes Ritual durch, halte aber die Reihenfolge genau ein:

Bereite dich einige Stunden vor, indem du dich fragst ob du den Regeln auch komplett folgen willst oder ob du jetzt schon weißt dass du einige Regeln nicht ganz befolgen wirst. Breche dabei nichts übers Knie, solltest du noch nicht bereit sein die Bekenntniszeremonie durchzuführen, dann lass es und warte noch eine Weile.

Früher als es noch Tenshi Tempel gab, wurde bei der Bekenntniszeremonie ein weißes Gewand getragen. Die Zeremoniegewänder, sind weiße lange Gewänder mit langen und weiten Ärmeln. Ähnlich einem Talar, wie sie von Juristen verwendet werden, aber eben nur in weiß. Sie werden auch heute noch von allen Menschen getragen, die während einer Zeremonie mit einem Priester das Bekenntnis sprechen. Da du solch ein Gewand nicht hast, reicht es aus wenn du etwas Weißes trägst. Die weiße Kleidung soll die Reinheit symbolisieren. Du kannst dir weiße Kleidung anziehen, musst du aber nicht.

Meditiere mindestens eine Stunde und höre auf deinen Geist. Dies dient der geistigen rituellen Reinigung und ist absolute Voraussetzung.

Wenn du nun Bereit dazu bist, dann zünde eine weiße Kerze an. Knie dich davor hin, lege deine Handflächen aufeinander und halte sie so, dass die Hände direkt vor deinem Mund liegen. Dies ist die generelle Methode zu beten. Lediglich Priester und Hohepriester beten, aufgrund ihrer höheren Stellung in der Gemeinschaft, anders.
Dann schließt du deine Augen und flüsterst oder sagst die Worte laut:

„Allmächtiger und Gütiger Gott,

ich weiß das ich es nicht Wert bin im Himmel zu leben. Ich habe einen sehr großen Frevel begangen und du hast mich dafür des Himmels verwiesen. Ich weiß nun, dass ich ein Tugendhaftes und Sündenfreies Leben führen muss um wieder ein Teil der Gemeinschaft der Engel zu werden. Ich verspreche dir und der Gemeinschaft der Engel, das ich von nun an keine Untugenden mehr ausüben werde und ich werde auch niemanden dazu verleiten. Auch werde ich keine Sünden mehr begehen und ich werde auch niemanden zu einer Sünde verleiten. Auch wenn es mir sehr Schwer fällt, ich werde mich an diese Regeln halten.

Herr, ich liege hier auf meinen Knien vor dir und bitte dich um Verzeihung für meine bisherigen Taten. Besonders aber für den Frevel den ich an dir begangen habe. Bitte verzeih!

Ich bitte auch die Gemeinschaft der Engel um Verzeihung für meine Taten. Das wir hier auf der Erde leben müssen, ist auch meine Schuld!

So sei es von nun an, bis in alle Ewigkeit!"

Dann sprichst du, immer noch kniend, folgendes Zufluchtsgebet:

„Jetzt und für alle Zeit nehme ich Zuflucht zu dem Allmächtigen Gott und der Gemeinschaft der Engel. Ich lege mein menschliches Dasein in eure Hände!

Herr, dein Wille geschehe! Auf dich allein vertraue ich!"

Danach bleibst du noch einige Minuten in dieser Haltung. Wenn du möchtest dann kannst du noch ein persönliches Gebet sprechen. Wenn du fertig bist, stehe auf und lösche die Kerze.

Herzlichen Glückwunsch! Das war ein Schritt in dein neues Leben! Aber von nun an musst du dich auch an die Regeln halten. Denke immer daran: Ein Tenshi ist niemals allein!

Grundgebete

Wie in jeder Religion, egal ob Glaubens- oder Wissensreligion, gibt es bestimmte Gebete die immer gleich sind und zu den verschiedensten Anlässen gebetet werden. Es gibt zwei Pflichtgebete, das Morgen- und Abendgebet, diese müssen von jedem ohne Ausnahme verrichtet werden.

Das Morgengebet

Dieses Gebet wird jeden morgen direkt nach dem Aufstehen gebetet. Es muss verrichtet werden noch bevor du dein Zimmer verlässt. Dabei ist die Uhrzeit egal, wenn du nur aufstehst um auf die Toilette zu gehen und dann weiterschlafen willst, musst du das Gebet nicht verrichten. Nur dann wenn du aufbleiben willst.

Du kannst dich dazu hinknien oder im sitzen bzw. im stehen beten:

*„Allmächtiger Gott und die Gemeinschaft der Engel!
Bitte beschützt mich und alle Menschen vor allen Untugenden und Sünden!*

Steht uns allen an diesem neuen Tag bei, damit wir Rein bleiben und eines Tages wieder der Gemeinschaft der Engel angehören können!
Jetzt und für alle Zeit nehme ich Zuflucht zu dem Allmächtigen Gott und der Gemeinschaft der Engel. Ich lege mein menschliches Dasein in eure Hände!

So war es, so ist es und so wird es immer sein! Der Allmächtige und Gütige Gott schütze uns!"

Du erkennst sicherlich, dass der zweite Teil das Zufluchtsgebet aus dem Bekenntnisritual ist. Dieses Zufluchtsgebet ist eines der wichtigsten Gebete und du kannst es auch mehrmals am Tag sprechen, besonders wen du Angst hast oder nervös bist.

Das Abendgebet

Das Abendgebet ist nicht genau definiert. Es soll von jedem individuell gestaltet werden. Es kann dazu dienen sich den vergangenen Tag noch einmal ins Gedächtnis zu rufen um zu überprüfen ob wir Tugendhaft und Sündenfrei waren. Oder es kann dazu dienen um sich auf den nächsten Tag vorzubereiten und um Hilfe zu erbitten. Das Abendgebet hat einen festen Anfang und ein festes Ende, der Teil dazwischen ist für dein Persönliches Gebet bestimmt. Du musst es kurz vor dem zu Bett gehen verrichten.

„Allmächtiger und Gütiger Gott,

(Dann kommt dein Persönliches Gebet)

Zum Schluss:

Herr, hilf mir den Weg zu gehen, den du für mich vorgesehen hast! Auch wenn ich nicht weiß, wohin mich dieser Weg führt, so weiß ich doch, dass du und die Gemeinschaft der Engel mich immer begleiten werden.
Hilf allen Lebewesen auf der Erde, besonders aber jene die in großer Not oder Gefahr sind!

Herr, dein Wille geschehe! Auf dich allein vertrauen wir!"

Im Schlußsatz des Abendgebetes, heißt es: „Auf dich allein vertrauen wir." Mit dem „Wir", ist die ganze Tenshi Gemeinschaft gemeint. Egal wann du schlafen gehst, irgendwo auf der Welt, betet genau in diesem Moment auch ein Mensch dieses Gebet. Mit diesem „Wir", haben wir dann das schöne Gefühl nicht alleine zu sein, denn wir sind eine Gemeinschaft!

Dein persönliches Gebet

Wenn du Gott um Hilfe für eine Situation bitten möchtest oder wenn du einfach nur ein Gebet an Gott richten möchtest, dann richte dich nach unten stehender Form.

„Allmächtiger und Gütiger Gott,

(dein Gebet oder Anliegen)

Herr, dein Wille geschehe! Auf dich allein vertraue ich!"

Hier betest du ganz allein, deswegen hier „Auf dich allein vertraue ich."

Das Bekenntnisgebet

Es ist dasselbe Gebet das auch im Bekenntnisritual vorkommt. Bei uns Tenshi hat es den Stellenwert eines Glaubensbekenntnisses einer Glaubensreligion. Es wird hauptsächlich beim Bekenntnisritual, an Feiertagen und Hochfesten, aber auch anstatt eines normalen Gebetes gesprochen. Beim Bekenntnisgebet knien wir uns grundsätzlich hin.

„Allmächtiger und Gütiger Gott,

ich weiß das ich es nicht Wert bin im Himmel zu leben. Ich habe einen sehr großen Fehler gemacht und du hast mich dafür des Himmels verwiesen. Ich weiß nun, dass ich ein Tugendhaftes und Sündenfreies Leben führen muss um wieder ein Engel zu werden. Ich verspreche dir und der Gemeinschaft der Engel, das ich von nun an keine Untugenden mehr ausüben werde und ich werde auch niemanden dazu verleiten. Auch werde ich keine Sünden mehr begehen und ich werde auch niemanden zu einer Sünde verleiten. Auch wenn es mir sehr Schwer fällt, ich werde mich an die Regeln halten.

Herr, ich liege hier auf meinen Knien vor dir und bitte dich um Verzeihung für meine bisherigen Taten. Besonders aber für den Frevel den ich an dir begangen habe. Bitte verzeih!

Ich bitte auch die Gemeinschaft der Engel um Verzeihung für meine Taten. Das wir hier auf der Erde leben müssen, ist auch meine Schuld!

So sei es von nun an, bis in alle Ewigkeit!"

Gebete an die Gemeinschaft der Engel

Da auch wir Schuld daran sind, dass wir Engel aus dem Himmel vertrieben wurden, können wir auch Gebete an die Gemeinschaft der Engel richten, um uns z.B. dafür zu Entschuldigen oder um die Hilfe der Engel zu erbitten. Es gibt auch Gebete die speziell unseren Engel betreffen, der über uns wachen soll.

Die Bitte um Verzeihung

„Ich bitte die Gemeinschaft der Engel um Verzeihung für meine Taten die ich als Engel begangen habe. In dieser Menschengestalt wurde mir die Erinnerung an diese Taten genommen. Doch egal was ich auch getan habe, ich flehe euch an mir zu verzeihen! Ich

verspreche euch, das ich ein Leben führen werde das einem Engel gerecht wird um im Himmel wieder mit euch vereint zu sein!

So sei es, von jetzt an!"

Hilfe erbitten (für sich selbst)

„Gemeinschaft der Engel,

ich bin in großer Not und Sorge! Ich erbitte von euch Hilfe für... (dein persönliches Anliegen z.B. Prüfung, Operation usw.)!
Bitte lasst mich nicht allein und steht mir in dieser Situation bei!
Bitte vergesst nicht, dass auch ich einmal Teil der Gemeinschaft war, so wie ich es auch niemals vergessen werde!
Mein Dank für eure Hilfe wird euch immer gewiss sein!

So sei es, mit eurer Hilfe!"

Hilfe erbitten (für einen anderen)

„Gemeinschaft der Engel,

jemand der mir sehr am Herzen liegt ist in großer Not und Sorge! Ich erbitte von euch Hilfe für... (Namen)!
Bitte helft ihm/ihr bei... (Anliegen für das um Hilfe gebeten wird)!

Lasst ihn/sie nicht allein und steht ihm/ihr in dieser Situation bei! Mein Dank für eure Hilfe wird euch immer gewiss sein!

So sei es, mit eurer Hilfe!"

Der Gemeinschaft der Engel für die Hilfe danken

„Gemeinschaft der Engel! Ich danke euch für eure große Hilfe! Danke das ihr mein Gebet erhört habt und mir (bzw. Namen der Person für die um Hilfe gebeten wurde) in dieser Situation geholfen habt. Danke das ihr nicht vergessen habt das auch ich einst zur Gemeinschaft gehörte!"

Den Namen deines eigenen Engels erfahren

Jeder von uns hat einen eigenen Engel der über uns wacht. Wir können ihn mit diesem Gebet darum bitten uns seinen Namen zu nennen. Natürlich wird er dir nicht persönlich erscheinen, aber er kann dir im Traum oder in der Meditation seinen Namen verraten. Dazu musst du aber in der Meditationstechnik fortgeschritten sein, denn sonst wird das nicht funktionieren. Wenn er dir aber seinen Namen verrät, dann kannst du ihn auch direkt ansprechen.

„Mein beschützender Engel,

ich danke dir dass du seit meiner Geburt über mich wachst. Egal ob bei Tag oder in der Nacht. Selbst als ich meine größten Sünden und Untugenden begangen habe, warst du da. Ich bitte dich, verrate mir deinen Namen! Denn ich möchte erfahren wer seit Jahren über mich wacht und mich beschützt. Bitte verweigere mir diesen Wunsch nicht! Ich möchte mit dir noch enger verbunden sein als jetzt. Du weißt alles über mich, aber ich kenne nicht einmal deinen Namen. So sag ihn mir und ich werde ihn für immer geheim halten!

So sei es, mit deiner Hilfe!"

Deinen Engel um Hilfe bitten

„Mein beschützender Engel, (oder der Name deines Engels)

ich weiß dass du über mich wachst. Doch ich fürchte mich vor... (z.B. Prüfung, Operation, einem Termin usw.)! Ich weiß nicht was ich tun soll, ich bin eben nur ein Mensch und deshalb manchmal hilflos. Hilf mir und stehe mir zur Seite, damit ich mich nicht mehr fürchten muss! Lass uns gemeinsam und nicht allein durch diese Situation gehen!

So sei es, mit deiner Hilfe!"

Kurzes Gebet um deinen Engel um Hilfe oder Beistand zu bitten (auch als Stoßgebet zu verwenden)

*„Mein Engel, (oder Name des Engels)
ich erbitte dringend deine Hilfe und Beistand!"*

Kurze Gebete und Stoßgebete

„Allmächtiger und Gütiger Gott,

lass mich nicht allein in dieser schweren Stunde/Zeit! Ich habe Angst vor dem was kommt! Schütze mich vor allem bösen und lass mein Herz dir stets zugewandt sein!

Herr, dein Wille geschehe!

„Allmächtiger und Gütiger Gott,

hilf mir damit ich nichts unrechtes tue! Herr, dein Wille geschehe!"

„Gemeinschaft der Engel,

ich flehe euch an! Helft mir damit ich nichts Untugendhaftes oder Sündiges tue um nicht meinen Geist oder euch zu beschmutzen!

So sei es, mit eurer Hilfe!"

Das Gebet des Friedens und der Hoffnung

Dieses Gebet wird am 01. Januar, dem Jahresfest, um 23 Uhr MEZ von allen Tenshi auf der Welt zur gleichen Zeit gesprochen.

„Allmächtiger und gütiger Gott,

du hast uns an diesem Tag den Himmel geöffnet und unsre Kameraden des Himmels auf dieser unserer Erde wandeln lassen. Sie haben uns besucht und uns die Hoffnung geschenkt, eines Tages wieder der Gemeinschaft der Engel anzugehören. Hilf uns und allen Menschen dieser Erde, dass Frieden herrscht. Lass nicht zu dass Menschen getötet werden. Gib allen Menschen die Hoffnung und den Frieden, den wir so dringend brauchen.

Nimm unsre Wünsche, Hoffnungen und Gedanken. Erhöre sie und lass sie geschehen.

So sei es, von nun an bis in alle Ewigkeit! Herr dein Wille geschehe! Auf dich allein vertrauen Wir!

Sicherlich gibt es noch mehr Gebete, aber die meisten betreffen nur Riten die Priester oder Hohepriester ausführen. Sie hier zu veröffentlichen hätte keinen Sinn.

Nachwort

Sicherlich wirkt dieses Buch an dieser Stelle sehr abgehackt. *„Fehlen denn hier nicht ein paar Themen?"* werden Sie sich sicherlich nun fragen. Ja, es fehlen einige Themen.

So fehlen die folgenden Kapitel:

- Kinder und Erziehung
- Meditationen und Techniken
- Rituale wie Geburt, Hochzeit oder Beerdigung
- Umgang mit Tieren und anderen Lebewesen
- Umgang mit der Natur
- Der Himmel
- Umgang mit anderen Religionen
- Häufige Fragen und Antworten
- Glossar

Diese Themen ergeben in ihrer ganzen Länge und Komplexität, ein eigenes Buch. Diese Themen passen nicht zu einer Einführung in die Religion der Tenshi, dass dieses Buch darstellt. Deshalb werden diese und weitere Themen in einem weitaus umfangreicheren Buch behandelt werden. Eine Art „Vertiefung" in diese Religion.
Ich hoffe Ihnen hat dieses Buch gefallen und so würde ich mich über positive, wie auch negative Kritik sehr freuen!